Seufert · Magie des blauen Lichts

Karl Rolf Seufert

# Magie des blauen Lichts

*Marie Curie entdeckt*
*das Radium*

*Loewe*

CIP-Titelaufnahme der Deutschen Bibliothek

*Seufert, Karl Rolf:*
Magie des blauen Lichts: Marie Curie entdeckt das Radium /
Karl Rolf Seufert. – 1. Aufl. – Bindlach: Loewe, 1989
ISBN 3-7855-2272-X

ISBN 3-7855-2272-X – 1. Auflage 1989
© 1989 by Loewes Verlag, Bindlach
Umschlagillustration: Mario Kessler
Umschlagtypographie: Ulrich Kolb, Leutenbach
Satz: Voro, Rödental
Druck und Bindung: Wiener Verlag, Himberg bei Wien
Printed in Austria

# Inhalt

„Sie hörte nie die Vögel singen."

*Albert Einstein 1913*
*nach einem gemeinsamen Aufenthalt in der Schweiz*

# Der Anfang in Paris

Mania Sklodowska sah den schweren Koffer, den der Vater in das Eisenbahnabteil schob. Dann folgten die anderen Gepäckstücke und schließlich der Klappstuhl und die Wolldecke.

„Bleibt gesund", sagte sie hastig, „und vergeßt mich nicht ganz. Alles Gute und auf Wiedersehen!"

Der Vater streckte ihr die Hand entgegen. Sein hageres Gesicht wirkte verlegen, merkwürdig schmalwangig und eingesunken. Zum erstenmal sah sie, daß er kein junger Mann mehr war.

„Du gehst nun fort, Mania, weg in ein fremdes Land. Aber du sollst wissen, daß wir in Gedanken immer bei dir sind ..." Seine Stimme bebte ein wenig. „Ich weiß, es kann lange dauern, bis du wieder heimkehrst. Ich hoffe nur, wir werden alle noch am Leben sein." Er lächelte ein pathetisch tapferes Lächeln. „Man kann ja nie wissen ..."

„Aber Papa! Ich bitte dich! Wie kannst du so etwas sagen!" rief die Tochter durch den Lärm. „So etwas darfst du nicht einmal denken! Es ist ja kein Krieg, und ich fahre nicht in ein feindliches Land."

„Mania hat recht", mischte sich die Schwester ein. „Also wirklich, sie geht ja nicht auf ewig fort. Paris ist nicht aus der Welt. Wenn du willst, kannst du jeden Tag hinfahren."

Ein Pfiff wurde laut. Die Lokomotive ruckte an, hielt wieder, dann drehten sich die Räder regelmäßig. Mania stand vor dem Klappstuhl und blickte durch das offene Abteilfenster auf den schmutzigen Bahnsteig. Noch einmal sah sie das Gesicht des Vaters, sah, wie er nach Helas Arm griff, als brauchte er Halt bei der Tochter.

Der Zug verließ die weite Halle, der Lärm verebbte, und es wurde taghell. Die Lokomotive bog pfeifend in eine Kurve; die Wagen holperten über die Weichen. Hart

13

und metallisch klangen die Räder, dann nahm der Zug die Richtung nach Westen.

Mania saß auf dem Klappstuhl, eine abgegriffene Ledertasche im Schoß, und blickte durch das Fenster. Allmählich entwirrte sich das Durcheinander der Gleise.

Die Außenbezirke Warschaus tauchten auf – leere Häuserwände, verrußte Fassaden und verwitterte Backsteinbauten, dazwischen eine Kirche. Ein paar Pferdewagen standen in dem Netzwerk der Straßen. Es war noch früh am Morgen, und nur wenige Fußgänger schlurften von ihrer Nachtschicht nach Hause.

Mania zog ein Buch aus der Tasche und begann zu lesen. Erst nach einer Weile wurde ihr bewußt, welches Aufsehen sie mit dem Buch erregte. Die meisten Fahrgäste um sie her waren einfache Menschen, kleine Händler, Bauern und Arbeiter, wie die Körbe in den Gepäcknetzen zeigten. Viele konnten sicher kaum mehr als ihren Namen schreiben.

Auf gleicher Höhe mit ihr saß ein Bauernehepaar, und auf der Sitzbank gegenüber räkelten sich zwei junge Leute, nur wenig über zwanzig, die wie Studenten aussahen.

Nach einer Weile fing der Bauer ein Gespräch mit ihr an. „Es ist spannend – das da?" fragte er und deutete mit seinen großen, steifen Fingern auf das Buch.

Mania lächelte und schob das Kopftuch aus der Stirn. Alle sahen, wie sich die blonden Stirnlöckchen aufrichteten. „Spannend nicht gerade. Man muß schon sehr aufpassen, wenn man es verstehen will."

„Eine gute Geschichte, wie?"

Einer der beiden jungen Leute beugte sich vor und warf einen Blick auf das Buch. „Das ist keine Geschichte, sondern ein Physikbuch."

Der alte Mann konnte mit der Auskunft nichts anfangen. Er schwieg, während seine Augen die aufgeschlagene Seite nicht aus dem Blick ließen.

Schließlich verfiel er darauf, das Buch prüfend zu betrachten. Er nahm es Mania aus der Hand, drehte es in

14

den großen steifen Fingern, um die Aufschrift zu lesen. Mania sah, wie er die Lippen bewegte, um aus den Buchstaben Wörter zu formen. Dann gab er es auf.

„Es ist französisch", sagte sie. „Ein Buch über die Metalle."

Der Bauer blätterte darin. Dann wandte er sich an seine Frau. „Das ist französisch – das da."

„Ah-h!" rief sie aus. „Französisch! Ist die Dame eine Französin?"

„Nein, nein", sagte Mania. „Ich bin Polin."

„Sie ist Polin", sagte der Bauer zu seiner Frau, die sehr gut auch ohne seine Vermittlung ausgekommen wäre. Dann prüfte er das Papier zwischen den Fingern. „Es ist ein gutes Buch", murmelte er anerkennend und nickte bekräftigend. „Es ist von guter Qualität."

Die beiden jungen Leute kicherten.

„Wollen Sie auch einmal?" Der Alte hielt den beiden das Buch zur Prüfung hin.

„Nein, nein! Es ist von guter Qualität. Das sehen wir schon." Der eine klatschte dem anderen vor Begeisterung auf den Oberschenkel. „Ist das nicht köstlich! Einfach wunderbar!"

„Sie haben viel Gepäck", sagte der alte Mann, ohne sich durch die jungen Leute stören zu lassen. „Wo fahren Sie hin?"

„Ich fahre nach Paris."

„Wie?" fragte er und starrte Mania mit dem Ausdruck der Verwunderung an. „Nach Paris wollen Sie?"

„Ja, nach Paris."

„Sie will nach Paris", rief einer der jungen Leute vom Fenster her. „Was ist daran nicht zu verstehen? Paris! Sie will nach Frankreich."

„Ah-h", murmelte mit plötzlich erleuchteter Miene der Bauer. Dann wandte er sich an seine Frau. „Sie will nach Frankreich." Er nickte schwer. „Das ist eine weite Reise", stellte er nach einer Pause tiefsten Nachdenkens fest. „Eine lange Reise . . ."

„Vier Tage", sagte Mania. „Warschau liegt nicht an der Hauptstrecke St. Petersburg – Berlin – Paris. Da kann man nichts machen."

„Ihr Vater macht sich Sorgen um Sie", sagte der Bauer plötzlich.

„Ja, es ist mein erster Auslandsaufenthalt."

Der Bauer nickte verständnisvoll. „Sie wollen den Haushalt in Frankreich erlernen, wie? Ist Ihnen Polen nicht gut genug, nicht wohlhabend genug dafür? . . . Ich verstehe das nicht."

Ein schwaches Lächeln huschte über Manias Lippen. „Ich will in Paris nicht den Haushalt erlernen, obwohl ich das vielleicht nötig hätte, sondern studieren – Physik."

„Geben Sie es auf", rief einer der jungen Leute. „Er versteht Sie doch nicht. Mein Name ist Larski – Joseph Larski. Darf ich fragen, wie Sie heißen?"

„Mania Sklodowska."

„Ich werd' verrückt! Dann ist Ihr Vater Gymnasiallehrer, Professor für Physik und Mathematik. Habe ich recht?"

„Er war es. Sie kennen ihn?"

„Leider nicht persönlich, aber mein älterer Bruder. Er hatte Mathematik und Physik bei ihm. Ein ernster, stiller Mann, mehr Gelehrter als Lehrer . . . Mein Bruder spricht immer mit Hochachtung von ihm." Er blickte Mania in die Augen. „Schade, daß wir uns nicht einmal persönlich begegnet sind . . . Wissen Sie, daß Sie bezaubernd aussehen?"

„Meinen Sie?" Mania spürte eine leichte Röte auf den Wangen. „Was machen Sie beide?"

„Wir besuchen eine Fachhochschule für Ingenieurwesen. Sagen Sie einmal, verstehen Sie das, was Sie da lesen? Das scheint uns gar nicht leicht zu sein. Noch dazu in einer fremden Sprache."

Plötzlich mußte Mania lächeln. „Es ist zu lernen", sagte sie.

„Für uns wäre Physik schon erträglich, wäre sie nicht so

stark von der Mathematik abhängig. Wir hatten über die Ferien sechs Aufgaben zu lösen, haben aber nur vier geschafft", gestand Larski mit einem matten, bedauernden Lächeln. „Auch alle unsere Freunde kamen da nicht mehr mit. Sie sagten, das sei heller Wahnsinn, was da verlangt wird."

„In welchem Semester sind Sie?"

„Im sechsten. Nächstes Jahr ist Schluß, wenn wir es schaffen."

„Darf ich mal Ihre Aufgaben sehen – ich meine die, die Sie nicht geschafft haben?"

„Aber Sie fangen doch erst mit dem Studium an, wenn ich Sie richtig verstanden habe."

„Nun zeig sie ihr schon! Wir haben nur noch eine Viertelstunde bis zum Umsteigen", mischte sich der Freund ein. „Schaden kann es doch nicht, oder?"

Larski zog ein Blatt aus der Tasche, und Mania überflog die Aufgaben. „Um welche handelt es sich?" fragte sie.

„Aufgabe vier und sechs."

Die beiden jungen Leute blickten auf sie nieder, während sie die Aufgaben studierte. Eine Falte hatte sich auf ihrer Stirn gebildet.

„Hier geht es um die diskontinuierlichen Lösungen in der Variationsrechnung, wenn ich das richtig lese. Das Thema ist noch nicht endgültig gelöst." Sie sprudelte eine Reihe von Formeln und Erklärungen hervor. „Geben Sie mir einmal Papier und Schreibzeug. Wir haben nicht mehr viel Zeit." Sekunden später bedeckte sie das Blatt mit einer Fülle von Formeln. „Das wird es tun", sagte sie schließlich. „Sie haben ja sicher noch ein oder zwei Tage Zeit. Prägen Sie sich das ein. Damit werden Sie durchkommen, nehme ich an."

Die beiden studierten die Formeln mit zusammengerückten Köpfen.

„Darauf wäre ich nie gekommen", murmelte Larski. „Aber es sieht logisch aus, also wirklich!"

„Es ist logisch", sagte sie mit Nachdruck. „Hier kann man nicht mogeln. Irgendwann tritt jeder Fehler zutage. Wie ich schon sagte, lernen Sie diese Ketten auswendig, auch wenn Sie manches nicht verstehen; dann kann Ihnen für diesmal nichts passieren. Und glauben Sie mir, Ihr Mathematiklehrer durchschaut die Variationsrechnung auch nicht in allen Teilen. – Aber Sie müssen jetzt aussteigen."

„Vielen herzlichen Dank! Was Sie da machten – oh, das grenzt schon ans Geniale", stammelte Larski. „Sie sollten Mathematik lehren! Frauen wie Sie fehlen uns. Bleiben Sie in Polen!"

Der Zug hatte seine Fahrt verlangsamt. Die beiden rafften Mantel, Mützen, Taschen, Koffer zusammen; und dann tat Larski etwas, was die übrigen Passagiere aufblikken ließ: hastig und verlegen küßte er Mania Sklodowska die Hand, ehe sie aus dem Abteil sprangen.

Auf dem Nachbargleis stand der Anschlußzug und wartete. Die zwei Studenten erschienen eine halbe Minute später am Abteilfenster gegenüber. Ihr Zug zockelte los, aber sie blieben am Fenster und winkten kräftig. Sie deuteten auf das Papier und lachten, bis der Zug außer Sichtweite geriet.

Nun gab es Platz, und Mania richtete sich auf der Holzbank ein. Als sie ihr Physikbuch wieder öffnete, hob einer der Fahrgäste, ein älterer Herr mit Spitzbart, den Kopf und lächelte sie an.

„Was Sie da machten, war schon großartig, ganz ohne Übertreibung! Es grenzte fast ans Geniale, da hatte der junge Mann recht, Fräulein Sklodowska. – Übrigens, mein Name ist Michalski."

Mania schüttelte überrascht den Kopf. „Genial war es sicher nicht. Was ich den beiden da zeigte, stammte nicht von mir. Ich habe diese Lösungen nicht gefunden, bestenfalls nachvollzogen."

„Mag sein, dennoch war es bewundernswert." Er lächelte sie an, ein leicht melancholisches Lächeln. „Die meisten, mit denen ich es zu tun habe, sind nie über die

Geheimnisse der vier Grundrechnungsarten hinausgekommen. Trotzdem verstehen sie es, einem das Fell auf hundert verschiedene Arten über den Kopf zu ziehen. Ich bin Pelzhändler, müssen Sie wissen. Da ist das fast wörtlich zu verstehen. Jedes Jahr fahre ich für zwei Monate nach Paris." Der alte Herr blickte durch das Abteilfenster, während der Zug wieder Fahrt aufnahm. „Sie sagten vorhin, Ihr Vater sei Lehrer gewesen. Ist er es nicht mehr? Verzeihen Sie, aber ich habe einen Teil des Gesprächs mit angehört."

„Er wurde von der russischen Regierung entlassen. Dazu verlor er die Dienstwohnung. Jetzt betreibt er eine Pension für Schüler, außerdem überwacht er deren Hausaufgaben."

„Wie lange bleiben Sie in Frankreich?"

„Mindestens zwei Jahre. Ich will an der Sorbonne studieren."

„Aber warum studieren Sie nicht in Polen? Gelten unsere Universitäten nichts?"

„Darum geht es nicht. Frauen können nicht studieren", sagte Mania. „Sie erfüllen nicht die Voraussetzungen zur Aufnahme. An den Mädchengymnasien werden keine klassischen Sprachen gelehrt, und sie sind Vorbedingung für ein Universitätsstudium. Das gilt für Polen wie auch für Rußland."

„Werden Sie in Paris erwartet? Oder sind Sie dort ganz auf sich gestellt?"

„Meine verheiratete Schwester lebt dort. Beide sind Ärzte. Bei ihnen kann ich wohnen. Das ist auch billiger."

Der alte Herr rauchte schweigend. „Physik ... Ich weiß kaum, was das soll. Mir ist Mathematik schon schwergefallen ... Wahrscheinlich weil ich ihren Sinn nie so recht einsehen konnte, jedenfalls bei den Arten, die über das bürgerliche Rechnen hinausgehen. Ich habe mich dann so durchgemogelt. Ich nehme an, was Ihnen die Grundschule bieten konnte, beherrschten sie schon, noch ehe Sie in die erste Klasse kamen."

„O Gott, ganz so war es nicht", sagte sie schnell. „Ich war die Jüngste zu Hause. Bei vier Geschwistern lernt man schon einiges, wenn man wenig Sinn fürs Spielen hat. Mit vier habe ich das Lesen gelernt, eigentlich ohne es zu merken, ganz allein vom Zuhören." Sie lächelte in der Erinnerung. „Mit dem Rechnen war es dann ähnlich. Es begann mit einem Würfel, den mir eine Tante schenkte."

„Das glaube ich Ihnen aufs Wort." Michalski nickte. „Was sagte denn Ihr Vater zu Ihren Künsten?"

„Er war anfangs entsetzt. Eine Frühreife war das letzte, was er wollte. Schließlich fand er sich damit ab. Was hätte er auch tun können?"

Spät am Nachmittag hielt der Zug auf einem kleinen Bahnhof. Sie mußten in den Fernschnellzug umsteigen. Als sie an dem Abteilfenster vorbeigingen, hob der Bauer eine Hand und zeigte zwei Finger, dann zeigte er mit der anderen gleichfalls zwei Finger und rief mit einem gütigen, freundlichen Lächeln: „Zwei und zwei macht vier."

Mania winkte, um ihm zu zeigen, daß sie ihn sehr wohl verstehe. „Und so wird es auch bleiben", rief sie.

Allmählich dämmerte der Abend in die Nacht hinüber. Eine rauchige Nebelmaske legte sich über die abgeernteten Felder. Allenthalben schien der Boden zu dampfen. Nur selten tauchten ein paar Bauernhäuser auf.

Noch ehe die volle Dunkelheit des zweiten Tages hereinbrach, kam der deutsche Grenzbeamte. Mania träumte im Halbschlaf vor sich hin, während der Zug durch Deutschland fuhr. Als sie dann zur französischen Grenze kamen, begann der vierte Tag zu grauen. Am Nachmittag näherten sie sich Paris.

„Nun haben wir es bald geschafft", sagte der alte Herr. „Wenn Sie Hilfe in Paris brauchen sollten, wenden Sie sich an mich. Hier ist meine Adresse."

Mania nahm die Karte und bedankte sich; doch sie hatte nicht die Absicht, Gebrauch davon zu machen.

Der Zug fuhr nur noch im Schrittempo. Die Halle der Gare du Nord nahm sie auf. „Paris!" rief ein Schaffner.

Mania raffte ihr Gepäck zusammen.

In beiden Richtungen drängten sich Reisende an ihr vorbei. Plötzlich stürmte ein Paar auf sie zu. Es waren Manias Schwester Bronia und Kasimir Dluski, der Schwager.

„O Gott, daß du doch gekommen bist!" Bronia strahlte. Sie schüttelten einander die Hände, küßten und umarmten sich.

„Herzlich in Paris willkommen! Ich hoffe, es wird der Start zu einer großen Karriere. Aber, ach, Quatsch! Ich bin schon zufrieden, wenn du dich wohl bei uns fühlst. Darauf kommt es an! ... Nur keine Angst vor dem Lärm und dem Gedränge. Daran gewöhnt man sich rasch. Wir haben gar nicht weit nach Hause. Weißt du, die Nähe der Gare du Nord gibt einem immer das Gefühl, man müsse nur ein paar Schritte machen und könne jederzeit nach Hause fahren, wenn einen das Heimweh packt. Manchmal braucht man das." Sie lächelte die Schwester an. „Hübsch siehst du aus mit dem hochgesteckten Haar und den lockigen Fransen. Gefällt mir", rief sie überzeugt. „Nur lächeln solltest du. Das macht sich immer gut."

Die Dluskis wohnten in La Villette, einem Vorort von Paris. Kasimir hatte in der Rue de l'Allemagne eine Arztpraxis eröffnet und betreute zusammen mit Bronia vor allem Arbeiterfamilien der nahe gelegenen Schlachthöfe. Großes Geld verdienten die beiden nicht, aber da sie keine hohen Ansprüche stellten, reichten die Einkünfte.

Die Wohnung umfaßte mehrere Räume. Bronia öffnete eine Tür im Hintergrund. „Das ist also dein Zimmer. Ich weiß, es ist klein; aber ich denke, es wird reichen." Sie lächelte die Schwester an. „Bist du zufrieden?"

Mania strahlte auf. „Oh, es ist herrlich und hat alles, was ich brauche – Tisch, Bett, Schrank, sogar einen Waschtisch und zwei Stühle. Ein Stuhl würde mir schon genügen."

„Du meinst, weil du keinen Besuch wünschst?"

„Schließlich bin ich nach Paris gekommen, um zu studieren."

„Na, warte es erst einmal ab. Kasimir hat abends gern Gesellschaft. Wir arbeiten wirklich hart, das darfst du mir glauben. Und erst abends beginnen wir zu leben. Fast alles, was an Polen in Paris wohnt, taucht im Laufe eines Monats einmal auf. Daran wirst du dich gewöhnen müssen."

Mania beobachtete heimlich die Schwester. Sie hatten sich lange nicht gesehen. Noch immer strahlte sie die gleiche Herzlichkeit aus. Geld hatten weder sie noch ihr Mann, obwohl Kasimir aus einer wohlhabenden Familie stammte. Er hatte aus Polen fliehen müssen, da ihn die russische Geheimpolizei verdächtigte, an einem Attentatsversuch auf Zar Alexander II. beteiligt gewesen zu sein.

„Wie hast du dir die nächste Zeit vorgestellt?"

„Gleich morgen früh werde ich mich für das erste Semester einschreiben." Mania lachte. „Am liebsten würde ich es sogar noch heute tun."

„Kann ich verstehen. Du hast ja auch eine Menge Zeit verloren." Bronia wurde ernst. „Ohne deine Unterstützung hätte ich hier nicht studieren können. Dafür werde ich dir immer dankbar sein. Vater allein hätte nie das Geld aufgebracht. Das weißt du so gut wie ich. Aber jetzt ist die Reihe an dir. Morgen wirst du dann erst einmal den Weg erkunden."

„Ist es weit bis zur Sorbonne?"

„Wenn du Pech hast, länger als eine Stunde. Von La Villette bis zur Universität nimmst du den Pferdebus. Aber ich muß dich warnen. Die Fahrt ist weder schnell noch bequem. Du fährst von der Gare du Nord zunächst zur Gare de l'Est, von dort zur Rue des Ecoles. Dabei mußt du umsteigen. Auf dem Oberdeck ist es billiger, aber du bekommst dafür auch den Wind und den Regen aus erster Hand."

„Das macht nichts. Ich muß sparen."

„So, und jetzt werden wir essen. Kasimir hat schon die Brille abgenommen. Diese Geste kenne ich. – Noch einen Rat gebe ich dir. Wenn dir der Sinn nach Geselligkeit steht, kommst du ins Wohnzimmer – wenn nicht, dann schließt du die Tür, und das bedeutet für alle: heute kein Besuchstag."

„Aber so grausam wirst du doch nicht sein, Mania", mischte sich Kasimir in das Gespräch. „Alle unsere Freunde werden neugierig sein, wie es im Augenblick in Polen aussieht."

„Nicht anders als vor einem Jahr", sagte sie abweisend. „Bitte versteht doch: Ich bin hier, um zu lernen. Ich kann es mir nicht leisten, ein Semester oder gar ein Jahr zu verlieren."

„Das wird sie aber gar nicht freuen."

„Dann kann ich es auch nicht ändern. Ich muß arbeiten."

Der wackelige Bus, von zwei Pferden gezogen, kämpfte sich durch den Großstadtverkehr. Mania hatte ihre abgewetzte Aktentasche mit den Papieren im Schoß. Wenn alles nach Wunsch verlief, war sie in zwei Stunden eingeschriebene Studentin der Sorbonne. Die Rue Lafayette, die Läden des Boulevard de Sébastopol schienen kein Ende zu nehmen: die Geschäfte, die Büros, die kahlen Bäume, die endlosen Menschenmassen. Jeder redete, wie ihm zumute war. Es gab keine Kontrolle, keine Zensur. Es war das erstemal, daß sie die Luft eines freien Landes atmete. Sie sah die Zeitungen aus aller Welt, die Tausende von Büchern. Welch eine Stadt! Warum konnte es nicht auch in Warschau so sein!

Der Bus rumpelte über die Seine, und plötzlich schien sich alles zu verändern. Die beiden Arme des Flusses waren in graublaue Nebelschleier gehüllt. Die verhangenen Inseln wirkten wie Märcheneilande. Dann die quadratischen Türme von Notre-Dame. Jetzt ging es bergauf, den Boulevard Saint-Michel entlang, und die Pferde verlangsamten den Schritt. Hier mußte es sein. Auch ohne die Beschreibung der Schwester hätte sie die Nähe der Sorbonne erahnt. Da waren die vielen jungen Leute. Sie hockten an kleinen Tischen, die weit in den Bürgersteig hineinreichten. Sie lachten und schwatzten und streckten die Beine aus und behinderten die Vorübergehenden. Sie blätterten ohne großes Interesse in Lehrbüchern, rauchten und tranken schwarzen Kaffee.

Die Fassade der Sorbonne war mit einem Stützwerk von Gerüsten eingefaßt, da sie erneuert werden sollte. Dahinter lagen die verwitterten Häuserblocks, die meisten noch aus der Zeit Richelieus; gewaltige Baustellen zeigten, wo neue Hörsäle entstehen sollten. Maurer und Zimmerleute hasteten hin und her, schleppten Steine, Mörtel und Balken.

Mania betrat das Hauptgebäude, ein wenig verwirrt und gehemmt durch die vielen Studenten. Niemand widmete ihr auch nur die geringste Aufmerksamkeit. Nur hin und wieder traf sie ein rascher Seitenblick: Wieder eine Neue, die keiner kannte.

Schließlich sah sie einen älteren Mann mit einem buschigen Schnauzbart und einer Dienstmütze, der vor einer Kleiderablage stand und Taschen, Mäntel, Hüte und Schirme verwahrte.

Als sie zögernd näher kam, sah er ihre Verwirrung und fragte freundlich: „Wünschen Sie mich zu sprechen, Mademoiselle?"

„Ich möchte mich für das nächste Semester einschreiben – Naturwissenschaftliche Fakultät, Monsieur."

„Zu den Naturwissenschaften wollen Sie? . . . Sind sie da ganz sicher?" meinte der Mann und kratzte sich das Ohr.

„Ich denke schon."

„Wie Sie wollen. Dann gehen Sie mal diesen Gang entlang, ganz durch bis zum Ende, dann rechts ab. Zweite

Tür links. Sie brauchen nicht anzuklopfen. Treten Sie einfach ein. Französin sind Sie aber nicht."

„Da haben Sie recht." Mania lächelte.

„Jetzt weiß ich auch, warum wir hier nicht aus dem Bauen kommen. Hier geht es zu wie im alten Babel", murmelte er. „Aber mir ist's recht. Viel Erfolg in Paris, Mademoiselle."

Eine halbe Stunde später trat sie wieder auf die Straße. Nichts stand ihrem Studium mehr im Wege. Ihre nervöse Spannung hatte nachgelassen. Wie immer war das Quartier Latin voller Menschen – meist junge Leute, Studenten wie sie. Die Oktoberluft war leicht und klar. Das Leben konnte schön sein, fühlte sie plötzlich. Wohin sie auch blickte, die Leute sahen vergnügt aus. Mania dachte an das Heim der Schwester, das wartende Essen, und der Gedanke trieb sie vorwärts. Was würde Bronia sagen? Oh, die lange Wartezeit, die Jahre, die sie auf diese Stunde gehofft hatte – Licht, Menschen, Hoffnung, Studium! Sie wollte lernen! Sie würde studieren mit einem Eifer wie noch keine Frau vor ihr – und das in Paris, einer schönen Stadt, einer freien Stadt, in der es keine Zensur und keine Bespitzelung gab.

Auch in den nächsten Tagen bis hin zum Beginn der Vorlesungen am 3. November 1891 kehrte sie zur Sorbonne zurück und studierte die komplizierten Vorlesungspläne. Sie hatte sich das Recht erworben, unter einer großen Zahl von Möglichkeiten zu wählen. Was war angemessen? Womit sollte sie beginnen? Sie kannte niemand, den sie hätte fragen können. Doch sie gab nicht auf.

Ganz spontan, überraschend für sie selbst, hatte sie sich nicht als Mania Sklodowska, sondern unter dem Vornamen Marie eingetragen. Ein Zugeständnis an die französische Sprache? Sie wußte es selbst nicht.

Vom Beginn der Vorlesungen an machte sie es sich zur Gewohnheit, als eine der ersten die Hörsäle zu betreten. Das gab ihr die Gelegenheit, sich einen Platz in der vordersten Reihe zu suchen, dicht unter dem Katheder der Professoren. Was in den ansteigenden Rängen hinter ihr geschah, interessierte sie nicht. Was immer die anderen Studenten hinter ihr flüsterten, worüber sie lachten und ihre Späße rissen, sie drehte den Kopf nicht.

Das blieb nicht verborgen.

Wer war diese geheimnisvolle Fremde, deren fremdländischen Namen niemand aussprechen konnte? Häßlich war sie keineswegs. Ihr aschblondes Haar, ohne jede Eitelkeit frisiert, dazu die hellen Augen. Jemand meinte, wie Wasser, das über Kieselsteine springt. Sie erregte Aufsehen. Scheu und stolz zugleich wirkte diese Studentin. War sie eine Polin, wie der Name vermuten ließ? Vielleicht auch eine Russin? Der slawische Schnitt des Gesichtes war unverkennbar. Sie redete so gut wie nichts. Keiner der Kommilitonen konnte ihren Augen auch nur einen Funken von Interesse entlocken – kein Lächeln, kein Zögern. Sie kam und ging, als lebte sie auf einem anderen Stern.

Sie schritt durch die düsteren Korridore, immer im gleichen Kleid, das dunkel und bodenlang war, die abgegriffene Tasche unter dem Arm. Bald merkte es auch der letzte, daß sie nur Blicke für die würdigen alten Herrn hatte, die ihr überlegenes Wissen nach alter Tradition im Frack vor den Studenten ausbreiteten. Professor Appell, Professor Bouty, Professor Lippmann, dessen Häßlichkeit nur noch von seiner Gelehrsamkeit übertroffen wurde. Er war die Zielscheibe zahlreicher Witze, doch niemand sah sie jemals auch nur darüber lächeln.

Trotz des Fleißes und ihrer Konzentration mußte sie erkennen, daß ihr Französisch längst nicht so gut war, wie sie es erwartet hatte. Wenn die Franzosen langsam sprachen, weil sie eine Fremde war, und es sich um Alltagsprobleme handelte, kam sie mit ihren Sprachkenntnissen gut zurecht. Doch in den Vorlesungen, wo es fast immer um komplizierte Sachverhalte ging, verlor sie oft den Zusammenhang.

26

Hinzu kamen ihre mangelhaften Vorkenntnisse. Schon bald mußte sie sich eingestehen, daß das, was sie beim Vater erlernt hatte, daß auch die Lektüre während ihrer Freizeit sowie die Experimente, die sie abends im Warschauer Museum für Industrie und Landwirtschaft hatte machen können, nicht das Bakkalaureat oder die sieben Jahre Lycée der französischen Studenten ersetzten. Das wären für eine weniger begabte, weniger fleißige Studentin unüberwindliche Hindernisse gewesen, geeignet, den Mut eines jeden zu untergraben.

Doch Marie, wie sie sich jetzt nannte, gab nicht auf. Sie verdoppelte ihre Anstrengungen. Sie saß in den Vorlesungen und lauschte den Ausführungen der Professoren. In den Pausen hörte sie dem Geplauder der Studenten zu, auch wenn sie sich nicht daran beteiligte. Sie war viel zu schüchtern, auch zu streng erzogen, um sich einer der Gruppen anzuschließen.

Da waren die Studenten aus dem wohlhabenden Mittelstand, die keine finanziellen Sorgen hatten. Sie hielten sich an die, die aus alten angesehenen Familien kamen. Diese brachten oft weniger Geld mit, aber sie gaben den Ton an. Marie hörte ihnen gern zu. Sie waren jünger als sie, keine großen Lichter, soweit sie das feststellen konnte: ungeheuer selbstbewußt, nicht wirklich fleißig, aber sie sprachen das beste Französisch, wenn sie überhaupt einmal den Mund aufmachten. Ihr elegantes, leicht geringschätziges Gehabe wirkte einschüchternd auf die anderen. Sie blieben immer zurückhaltend und hatten die Angewohnheit, während der Gespräche dabeizusitzen, die Ellbogen aufgestützt, und scheinbar teilnahmslos zuzuhören, als ginge sie das Geschwätz ringsum nichts an. Doch da war noch eine dritte Gruppe Studenten, es war die an Zahl stärkste. Sie hielten sich zurück, weil sie ständig Angst hatten, Angst vor dem Mißerfolg, Angst, laut zu lachen, sich zu freuen, sich zu sehr für etwas zu begeistern, sogar Angst, zuviel zu arbeiten, weil man sie sonst für Streber hätte halten können.

Es gab für Marie nur wenige Kommilitoninnen, mit denen sie ein Gespräch führen konnte. Mathematik und Physik gingen an den Interessen der Mädchen vorbei. Um so mehr fiel sie in der Schar der männlichen Hörer auf.

Unter ihnen war ein kleiner Südfranzose namens Mercier. Sie merkte, daß er sie nicht aus dem Blick ließ, wo sie auch hinging und was sie auch tat. Einmal hörte sie, wie ein anderer ihn fragte, wer die Kleine da sei.

Mercier klatschte in die Hände. „Jöh, eine Fremde! Hat einen unmöglichen Namen ... Schätze, sie stammt irgendwo aus dem Osten."

„Schönes Haar hat sie", sagte der andere. „Dieses Aschblond findet man nicht alle Tage."

„Was du nicht sagst!" fiel Mercier ein. „Die kannst du ruhig vergessen. Sie sieht keinen von uns auch nur an. Sie hat nur Augen für die alten Knaben."

„Wir müßten sie mal einladen", meinte der andere.

„Einladen? Da kann ich nur lachen! Was glaubst du, was geschieht, wenn du sie einlädst? Sie sieht dich nur an, und dann bist du überhaupt nicht mehr da." Mercier blickte den Kommilitonen verächtlich an. „Sie redet mit keinem von uns. In den Vorlesungen sitzt sie immer in der ersten Reihe, und in anderthalb Stunden dreht sie den Kopf nicht."

„Wie alt wird sie sein?"

„Woher soll ich das wissen! Jedenfalls älter als wir. Mitte Zwanzig, würde ich sagen."

„Manchmal kann ich mir kaum vorstellen, daß sie jemals gelacht hat. Ich frag' mich dann, ob so ein Leben überhaupt lebenswert ist", erklärte der andere, matt und trauervoll lächelnd.

„Um sie mach dir jedenfalls keine Sorgen. Was ihr gefällt, kannst du ihr in keinem Fall bieten. Der Teufel soll's holen! Sie ist jedenfalls nicht hierhergekommen, um sich einen wie dich zu angeln. Da kannst du ganz sicher sein. Am besten, du vergißt sie."

Wenn Marie abends zu Hause eintraf, warteten Bronia und Kasimir schon auf sie. Auch sie hatten einen schweren Tag mit endlosen Krankenbesuchen hinter sich. Kasimir blickte von der Zeitung hoch.

„Na", sagte er, während sie aus dem Mantel schlüpfte und ins Wohnzimmer kam, „wie ist es dir heute ergangen?"

„Oh", meinte sie, „es ist harte Arbeit. Sie läßt mir keine freie Minute." Über ihr lag etwas, das deutlicher als alle Worte zeigte, wie müde, ja erschöpft sie war.

Bronia stand wie gewöhnlich in der Küche. Auch sie hatte die Worte gehört und war enttäuscht. Für diesen Abend hatten sich zwei polnische Paare, die Kolows und Paderewskis, angesagt. Ihr Mann liebte nach den harten Anstrengungen diese Zerstreuungen. Er brauchte sie geradezu. Doch Marie hatte keinen Sinn für Geselligkeit dieser Art, wußte Bronia.

„Wirst du uns heute abend Gesellschaft leisten?" fragte sie, während sie das Fleisch brachte und Marie den Tisch deckte.

„Nein", sagte sie entschlossen, „und ich hoffe, ihr seid mir nicht böse. Aber ich habe so viel nachzulernen. Ich kann mir einen solchen Abend nicht leisten."

„Man kann nicht immer arbeiten", warf Bronia ein.

„Da hast du sicher recht. Aber die Folge wäre, daß ich ein Semester oder gar ein volles Jahr verlieren würde." Sie hob den Kopf und blickte die Schwester an. „Und das möchte ich nicht. Auch Vater zuliebe nicht."

Nach dem Abendessen, noch ehe die Gäste kamen, verließ Marie das Zimmer. Unter der Tür drehte sie sich noch einmal um. „Bitte, ruft mich nicht. Ich brauche die Zeit zum Studium."

Bronia nickte, nicht sehr begeistert. „Sie wissen natürlich alle, daß du da bist, und werden dich sehen wollen. Außerdem werden sie nach Neuigkeiten aus Warschau fragen."

„Mehr als ich euch erzählt habe, weiß ich nicht. Du wirst es ihnen schon berichten."

Bronia betrachtete sie mit einem teils belustigten, teils nachdenklichen Gesicht. „O Gott, was bleibt mir schon übrig? Weißt du, als ich selbst noch studierte, habe ich auch lernen müssen, schwer und hart sogar. Aber verglichen mit dir, war ich eine Faulenzerin."

„Du hattest sicher nicht soviel nachzuholen. Aber sei mir nicht böse, ich muß jetzt arbeiten."

Sie entzündete die Gaslampe, holte ihre Aufzeichnungen und schloß dann die Tür. Sie wußte, wenn sie nicht hart blieb, war es für diese Nacht vorbei. Eine halbe Stunde später hörte sie, wie die beiden Paare kurz hintereinander eintrafen. Es gab die üblichen Küsse, Umarmungen und Begrüßungsrufe. Sie zwang sich, nicht hinzuhören. Als es draußen allmählich lauter wurde, hielt sie sich die Ohren zu und konzentrierte sich auf ihre Notizen.

Zwei Stunden vergingen. Man hatte mit Tee begonnen. Kasimir besaß einen silbernen Samowar, ein altes Familienstück, das er über alle Reisen gerettet hatte. Doch nun trank man Wodka. Kasimir spielte auf dem kleinen Klavier. Man sang, prostete sich zu, und dann kam, was nicht zu vermeiden war: Man klopfte an ihre Tür. Sie hatte wohlweislich abgeschlossen, doch das störte niemand.

„Mania – Manjuscha . . . Wo bist du, mein Täubchen? Komm zu uns!" riefen die Stimmen durcheinander. Jetzt meldete sich Bronia. „Aber das kannst du nicht machen!" rief sie. Offensichtlich hatte sie auch getrunken. „Komm doch für ein paar Minuten zu uns! Es ist schon fast Mitternacht. Was willst du da noch lernen!"

„Ich liege schon im Bett", rief Marie.

„Gelogen!" meldete sich Kasimir. „Du gehst nie vor drei, vier Uhr morgens ins Bett. Das wissen alle. Nur einen Schluck! . . . Ein winziges Schlückchen, dann bist du wieder entlassen."

Sie klappte ihre Notizen zu, erhob sich. Als sie das Wohnzimmer betrat, war jeder bei einer anderen Beschäftigung. Kasimir und die beiden männlichen Gäste tranken Wodka aus Wassergläsern. Die Frauen hockten beieinander und erzählten sich den Klatsch der kleinen polnischen Kolonie.

„Sagen Sie, Mania Sklodowska, fühlen Sie sich eigentlich hier zu Hause?" fragte einer der Gäste, ein junger Mann namens Kolow. „Empfinden Sie nicht, daß dies nicht Ihr Leben sein kann, daß Sie eine Fremde sind?"

„Sicher weiß ich, daß ich eine Fremde bin. Daran läßt sich nichts ändern. Ich bin auch nicht nach Paris gekommen, um die Franzosen kennenzulernen, sondern weil sich hier Möglichkeiten bieten, die ich zu Hause nicht hätte. Nirgendwo in Polen hätte ich Mathematik oder Physik studieren können. Das ist es! Darauf kommt es an. – Und warum sind Sie hier, Alexander Kolow?"

Kolow hob die Schultern. „Was soll ich da sagen? Ich bin hier, weil Paris mehr zur Welt gehört, zu Europa, als Polen unter dem Zaren, weil man hier das gefälligste, anmutigste, kultivierteste Leben auf Erden führen kann."

„Ein sehr egoistischer Standpunkt", meinte Marie. „Ich glaube fest daran, daß es Dinge gibt, die wichtiger sind."

„Welche denn?" fragte er mürrisch.

„Daß man etwas leistet, daß man sein Werk schafft."

„Ja", sagte Kolow gleichgültig. „Es gab 'ne Zeit, da hielt ich das Leben des Wissenschaftlers oder das des Künstlers für das feinste auf Erden, für das einzige Leben, das ich gern geführt hätte."

„Und nun?" fragte Marie.

„Es ist nichts davon geblieben", sagte er so leise, daß sie ihn kaum verstehen konnte. „Es liegt mir auch nichts mehr daran. Manchmal gehe ich in den Louvre, gehe ich durch die endlosen Säle und Wandelgänge; ich sehe die Tausende Werke von toten Leuten, die einst so empfanden, wie ich es tat, nur daß sie mehr Talent oder Genie besaßen, Leute, die glaubten, sie müßten etwas Besonderes leisten, müßten die Träume ihrer Seele in Gemälde umsetzen. Nun sind sie tot, diese Leute, und haben ihre Werke hinterlassen. In diesem ganzen gigantischen Bauwerk hängen vielleicht zwei Dutzend Werke, die ich gern gemacht hätte – und ich weiß, ich habe nicht das Zeug dazu, daß ich nur eines malen könnte. Nun wollte ich freilich nicht malen; ich wollte Wissenschaftler werden, und damit geht es mir ebenso: Unter all den naturwissenschaftlichen Leistungen, die ich studiert habe, sind auch nicht mehr als ein Dutzend, die ich gern mit meinem Namen verbunden gesehen hätte. Und ich weiß, ich habe nicht das Zeug in mir zu einem solchen Wissenschaftler. Aber vielleicht gehören Sie zu ihnen, Mania Sklodowska. Das kann schon sein."

„Darüber habe ich nie nachgedacht." Marie war jäh errötet.

„Das ist schon in Ordnung. Dazu wäre es auch viel zu früh", murmelte Kolow mit gesenktem Kopf. „Aber in Ihnen brennt dieses Feuer, das sehe ich. Nur, ob Sie es schaffen, das ist eine andere Sache, Mania Sklodowska. Das hängt von vielerlei ab. Sie gehen Tag um Tag in die Sorbonne, hören sich stundenlang an, was die graubärtigen Alten da von sich geben. Wirklich lachen, das können Sie schon lange nicht mehr. Mit Genuß dem Leben zusehen, ein Buch lesen oder auch nur die Zeitung, das haben Sie längst verlernt. Selbst wenn Sie mit uns Tee trinken, dann macht Ihnen das keinen Spaß mehr, weil Sie der Gedanke foltert, wieviel Zeit Sie dabei verlieren."

„Na, na, na", sagte Marie belustigt. „Sie sind ja ein rechter Spaßmacher."

„Der bin ich nicht. Ich will Sie nur warnen: Schmeißen Sie Ihr Leben nicht weg! Was groß ist – was so ist, daß es keinen Preis dafür gibt – was so ist, daß wir, um es zu leisten, unser Leben dafür hingeben würden, das gelingt nur einigen wenigen in jedem Jahrhundert. So, und nun halte ich den Mund."

Er griff nach dem fast vollen Glas Wodka und stürzte ihn auf einen Zug hinab, als wäre es Wasser. Während sich sein Gesicht allmählich rötete, lächelte er sie auf seine ruhige, fatalistische Weise an.

„Denken Sie einmal darüber nach, Mania Sklodowska."

„Nun laßt sie mal in Ruhe!" rief Bronia. „Sie weiß schon, was sie tut, und vergeßt nicht, daß sie schon viel Zeit verloren hat – Jahre, weil unsere Familie nicht das Geld hatte, ihr ein Studium zu ermöglichen, obwohl sie es am meisten verdient gehabt hätte."

Wie dieser Abend, der damit endete, daß alle mehr tranken, als sie wollten und ihnen guttat, kamen viele in den nächsten Monaten. Man lachte, man tanzte, plauderte und trank; doch es war eine Lustigkeit, die jederzeit in Tränen umschlagen konnte. Heute feierte man bei Bronia, dann bei Ignaz, Alexander oder einem anderen. Man veranstaltete gesellige Abende in Gasthäusern, in deren Verlauf es polnische Nationalgerichte und Ströme von Tee und Wodka gab, dazu Theateraufführungen. Gelegentlich beteiligte sich auch Marie an solchen Veranstaltungen. Da sie nicht die Zeit aufbrachte, Rollen zu lernen, half sie beim Stellen von lebenden Bildern. Dabei war ein Sprichwort oder auch ein Symbol von den Zuschauern zu erraten, etwa „Polen sucht seine Freiheit". Marie symbolisierte hier Polen. In einem langen weißen Gewand nach Art einer Toga, die aschblonden Haare gelöst, stand sie auf der kleinen Behelfsbühne, ungeheuer begehrenswert und unerreichbar, während Kasimir eine klagende, wehmutsvoll erregende Melodie auf dem Klavier spielte.

Sie beobachtete die Zuhörer, manche trommelten den Takt auf dem Tisch und summten die Worte, leise, traumverloren. Andere saßen stumm da, ruhig, dunkel, mürrisch aufmerksam. Alle Anwesenden waren Polen, und an diesem Abend spürten sie, daß sie ihre Heimat im Grunde nie verlassen hatten.

Als das Lied zu Ende war, kam Kasimir heran und

wandte sich an Bronia. „Gib mir mal Geld", sagte er ruhig.

Bronia errötete leicht, machte die Handtasche auf, fragte mürrisch: „Wieviel willst du?"

„Gib mir Geld für eine Flasche Wodka." Er blickte sie an, ein weiches, wurlendes Lachen im Hals.

Bronias Röte hatte sich vertieft. Beinahe gereizt warf sie einen Stoß Banknoten auf den Tisch. Kasimir streifte einige Scheine ab und reichte sie dem Wirt. „Eine Flasche und drei Gläser." Der Wirt bedankte sich mit einer anbetend unterwürfigen Verbeugung. Und dann, ohne den Rest zu zählen, steckte Kasimir die Banknoten in die Tasche. „Bronia", sagte er vorwurfsvoll, „hast du deine Schwester auf der Bühne gesehen? Sie ist schön. Sie ist eines der glorreich schönsten Geschöpfe, die je gelebt haben – und für mich ist sie in dieser Stunde Polen."

Auch Marie fühlte sich als Polin. Und doch, für sie selbst ganz unmerklich, begann sie sich aus dem Kreis zu lösen.

Sie hatte ihrem Vater von diesen geselligen Abenden berichtet und in einem der Briefe erwähnt, daß sie in der Szene „Polen sucht seine Freiheit" mitgewirkt hatte.

Aber der Vater zeigte sich in seinem Antwortschreiben keineswegs so erfreut, wie sie es erwartet hatte. Im Gegenteil, er warnte sie, künftig solche Spektakel mitzumachen. Sie änderten nichts und seien nur geeignet, der Familie durch die russische Geheimpolizei, die alles registriere, Nachteile zu bringen.

Doch es waren nicht nur die Vorbehalte des Vaters, die sie bewogen, sich aus dieser Gruppe ohnmächtiger Patrioten zurückzuziehen. Stärker wog die Erkenntnis, daß diese geselligen Abende mit ihren Einladungen und Gegeneinladungen zuviel Zeit kosteten – Zeit, die ihr einfach fehlte, wenn sie die schwierigen Prüfungen wirklich bestehen wollte.

Die Konsequenzen gingen sogar noch weiter: Sie konnte ihrem Schwager nicht verbieten, abends Klavier zu spielen. Sie konnte ihn auch nicht davon abhalten, seine polnischen Freunde einzuladen. Und was sollte sie tun, wenn die gegen Mitternacht in ihr Zimmer kamen, um sie zu einem Glas Tee oder Wodka einzuladen?

Als Marie ihren Wunsch vorbrachte, aus der gemeinsamen Wohnung auszuziehen, waren die beiden zunächst stumm vor Überraschung.

Bronia blickte die Schwester an. „Aber Marie", sagte sie, „so töricht bist du denn doch nicht, daß du das tust! Du kannst doch nicht beabsichtigen, hier auszuziehen, um dann in irgendeiner Mansarde zu wohnen."

„Doch, genau das will ich", sagte Marie fest. „Gerade das! Durchaus."

„Aber so sei doch kein solches Schaf!" rief Bronia ungeduldig. „Sei nicht so dumm!" Plötzlich wandte sie sich an ihren Mann. „Ist das nicht unglaublich? Hast du je im Leben so etwas Irrsinniges gehört?"

„Gott, sie hat uns eben satt. Was soll ich da sagen?" murmelte Kasimir mit gespielter Trauermiene. „Unsere Art zu leben ist offensichtlich nicht die ihre. Ich kann es ihr nicht einmal übelnehmen. Wir haben unser Studium beendet. Wir praktizieren, mehr wollen wir nicht ... Aber sie ist aus anderem Holz. Ihr würde das nie genügen."

Bronia kam heran. „Ist es wirklich die Angst, daß du die Prüfungen nicht bestehen wirst? Ist es das?" forschte sie. „Da kann ich dich beruhigen. Du fällst nicht durch. Jeder von uns würde eher durchfallen als du."

„Da bin ich aber gar nicht sicher", sagte Marie ruhig. „Ich merke mit jedem Tag mehr, wie groß meine Lücken sind. Ich muß arbeiten – und zwar jede Minute. Ich kann es mir nicht leisten, von sieben Abenden in der Woche drei oder vier nichts zu tun." Sie errötete und murmelte mürrisch: „Und ich will es auch nicht."

„Gut", sagte Bronia, „das haben wir also geklärt." Sie sah die Schwester einen Augenblick mit einem Ausdruck stummer Gereiztheit an, dann lachte sie plötzlich ihr kurzes, zürnendes Lachen. „Wir haben verstanden. Du langweilst dich bei uns. Dir sind unsere Freunde zuwider. Sie öden dich an. Da kann man nichts machen ... Wenn du so denkst, dann mußt du eben ausziehen. Dagegen ist kein Kraut gewachsen."

„So ist es nicht", sagte Marie leise. „Es geht mir ums Studium. Ich muß mehr tun, sonst ist alles umsonst und vergeudet. Begreift das doch! ... Ich habe gewaltige Rückstände, größere, als ihr euch überhaupt vorstellen könnt ... Das ist es. Allein das!"

„Gut", sagte Bronia entschlossen. „Du hast uns überzeugt. Du ziehst also aus. – Und wann?"

„Sobald ich ein Zimmer gefunden habe", murmelte Marie. „Das wird nicht ganz einfach sein. Ich weiß das. Aber ich werde etwas finden. Das Zimmer muß billig sein. Luxus brauche ich nicht. Und es muß in der Nähe der Universität liegen. Allein für die Fahrten täglich brauche ich zwei Stunden, und sie sind sündhaft teuer, wie ihr wißt."

Bronia, die wieder an den Herd gegangen war, drehte den Kopf. „Du mußt doch auch essen. Hast du das bedacht?" fragte sie streng. „Und mit dem, was zwei Leute essen, kommen meist auch drei aus. Hier hast du kaum Mehrkosten verursacht. Wenn du aber erst ein eigenes Zimmer hast, wirst du dich auch selbst verpflegen müssen. Und meines Wissens warst du nie eine blendende Hausfrau, oder irre ich mich da?" In ihrer Stimme schwang plötzlich ein Unterton von Humor, der ihrer Frage die Schärfe nahm.

„Ich weiß, daß mir dazu alles Geschick fehlt", gestand Marie kleinlaut.

„Auch jegliches Interesse, soviel ich mich erinnere. Könntest du überhaupt eine Suppe kochen, ohne daß jemand neben dir steht und dir sagt, was du zu tun hast?"

„Oh, ich weiß", stöhnte Marie in übertriebener Zerknirschung auf. „Ich habe es noch nicht einmal gelernt, eine Küche zu putzen. Wenn ich mich mit Wasser und Lappen an den Fußboden mache, sieht er danach immer aus, als müßte ich von vorn beginnen." Sie lächelte plötzlich. „Aber um ein Ei zu kochen, reichen meine Kenntnisse; auch für eine Tasse Tee. Das mußt du wenigstens zugeben."

„Köstlich! Einfach wunderbar! Dann dürfte ja nichts passieren. Damit bist du ja aus dem Gröbsten raus. Und ein Brot kannst du auch kaufen, vermute ich."

„Also wirklich! Darauf kannst du dich verlassen." Marie ging auf den sarkastischen Ton der Schwester ein. Plötzlich wurde sie ernst. „Aber da ist noch etwas ... Ich hoffe, das ist nicht das Ende unserer Beziehungen. Wir werden uns besuchen ... Ihr kommt zu mir, und ich komme zu euch, sobald es mir meine Zeit erlaubt. Dabei wollen wir bleiben."

## Jahre der Einsamkeit

Marie Sklodowska lehnte an der Fensterbank ihres Hoffensters und sah hinunter auf das Stück Paris, das sie überblicken konnte. Eine seltsame Ruhe lag in der Luft. Der Lärm des Quartier Latin drang nur als fernes, gedämpftes Surren zu ihr herauf, so pausenlos, als gehörte es zu der Stille um sie. Sie hörte das Lachen von Kindern, die in der Gasse unter ihr spielten; zuweilen auch ihre Schreie; Fahrzeuge, von Pferden gezogen, rumpelten vorüber. Hin und wieder hörte sie auch die Nachbarn, wenn sie sich unterhielten, lachten oder zankten. Doch das alles war zu fern, um sie wirklich zu stören.

Sie genoß diese Einsamkeit. Es gab keine Besuche; niemand belästigte sie. Sie hatte in dem Jahr, das sie jetzt hier lebte, sehr viel mehr arbeiten können als jemals zuvor in der Rue d'Allemagne. Sie war nicht die einzige Studentin in diesem Haus, doch sie unterhielt keinerlei Beziehungen zu den anderen. Sie wußte nicht einmal, wie viele hier wohnten. Es gab keine gegenseitigen Einladungen, keine Gespräche auf der Treppe. Stumm schritten sie aneinander vorüber. Dabei entdeckte sie, daß der Name Sklodowska für die meisten fast unaussprechbar und damit eine zusätzliche Barriere war.

Viele der Studenten wohnten zu dritt oder viert in einem der Mansardenzimmer, besorgten gemeinsam den Haushalt und aßen zusammen. Das verringerte die Kosten beträchtlich. Doch sie konnte so nicht leben. Diejenigen, die wie sie allein wohnten, opferten Tag um Tag zwei oder drei Stunden dem Haushalt. Sie brachten sogar das Kunststück fertig, für sich selbst die Mahlzeiten zu kochen, sich anständig, ja sogar einigermaßen elegant zu kleiden und dennoch zu studieren. Diese Fähigkeit besaß sie nicht – sehr im Gegensatz zu ihrer Schwester Bronia, die für ihre Kochtalente schon als Studentin berühmt gewesen war.

Marie arbeitete wie eine Besessene. Hundert Francs standen ihr im Monat zur Verfügung, von denen allein zwanzig als Miete abgingen. Hinzu kamen die Vorlesungsgebühren, kamen Essen und Heizung, die Bücher, das Petroleum für die Tischlampe und andere Kleinigkeiten.

Sie hatte ihre winzige Kammer mit allem ausgestattet, was sie besaß. Wenn sich gelegentlich Besuch anmeldete, machte sie sogar Feuer in dem kleinen Eisenofen, zu dem sie selbst die Kohlen über sechs Treppen schleppen mußte. Ihr großer Koffer diente als Schrank und Kommode. Kamen mehrere Besucher, diente er auch als Sitzgelegenheit.

Sie verließ morgens sehr zeitig ihr kleines Zimmer, oft noch mit leerem Magen, wenn irgendeine Ausgabe ihre hundert Francs hatte schrumpfen lassen, oder sie aß einen Apfel, der dann bis Mittag reichen mußte. Bis zur

Universität war es eine Viertelstunde, die sie zu Fuß zurücklegte, um den Fahrpreis zu sparen.

Bei Tage war das Quartier Latin ein chaotisches Gewirr von Menschen und Fahrzeugen, das verzahnte Räderwerk des Geschäftsgangs in einem dichtbewohnten Viertel. Marie nahm das meiste nur unbewußt wahr. Sie wich einem Entgegenkommenden aus, überholte andere, eigentlich ohne es zu merken. In Gedanken war sie bei den letzten Vorlesungen. Ihr präzises Gedächtnis versorgte sie mit Daten, Formeln und Zahlen; sie entwickelte Zusammenhänge, suchte nach Folgerungen und Lösungen.

Meist kehrte sie erst spätabends in ihre Dachkammer zurück. Nach den Vorlesungen und Seminaren am Nachmittag ging sie in die Bibliothek. Der hohe Raum war geheizt. Gaslampen streuten ihr bleiches Licht über die Tische. Gespräche waren verboten. Erst gegen zehn Uhr abends erloschen die hohen Zylinder, dann machte sie sich auf den einsamen Heimweg, um bis zwei oder drei Uhr morgens weiterzulernen.

Ihre Mahlzeit bestand aus zwei gekochten Eiern, wenn das Geld dafür reichte, oder aus einem Butterbrot, oft auch nur aus etwas Obst oder einer Tafel Schokolade. Das konnte nicht ohne Folgen bleiben. Aus dem kräftigen, frischen Mädchen, das einige Monate zuvor Polen verlassen hatte, war eine überschlanke Frau geworden, die aussah, als habe sie gerade eine schwere Krankheit hinter sich.

Die Hausmeisterin, die in einem winzigen Zimmer neben dem Eingang saß und der niemand entging, der das Haus betrat oder verließ, hatte diese Fremde mit Aufmerksamkeit beobachtet. Das gehörte schließlich zu den Aufgaben einer Concierge. Hunderte von Studenten hatte sie schon an ihrem Fensterchen vorbeieilen sehen, reiche und solche, die sich jeden Sou absparen mußten, strebsame, die ihre Examen in den vorgesehenen Fristen bestanden, und andere, die das Leben in Paris genossen, weibliche und männliche, Ausländer und Franzosen. Doch kein Mieter war wie diese Fremde mit dem unaussprechlichen Namen. Sie bezahlte pünktlich. Sie grüßte sogar, wenn sie an der Hausmeisterloge vorüberkam. Doch in all den Monaten, die sie hier in einem Mansardenzimmer unter dem Dach wohnte, hatte sie niemals versucht, ein privates Gespräch anzuknüpfen.

Es war schon nach zehn Uhr, als Marie an diesem Abend die Haustür öffnete und mit gewohnter Sorgfalt wieder schloß. Als sie dann herankam, eine sonderbare Unsicherheit im Schritt, wirkte sie, als hätte sie zuviel getrunken. Die Concierge war verblüfft. Sollte sie sich in dieser Fremden getäuscht haben? Sie blickte Marie an, nicht anders als eine Katze, die eine Maus beobachtet. Wie war das möglich?

Marie drehte im Vorbeigehen den Kopf zu ihr hin und nickte einen Gruß in Richtung der Loge. Ihr Gesicht war maskenhaft weiß und starr. Die Augen hatten in dem schwachen Gaslicht einen Ausdruck so gläserner Leere, daß die Hausmeisterin aufsprang und ihren Mann rief.

„Jean, rasch! Sieh mal nach der Fremden draußen. Du weißt schon, die Polin. Da ist etwas", rief sie ungeduldig.

„Mon Dieu!" stöhnte der Mann. Eine Zeitung raschelte, dann kam er durch die Wohnungstür. Der oberste Knopf der Hose war offen, die Hosenträger hingen herab. „Was ist denn schon wieder? Dein Mißtrauen macht mich noch krank ... Oh, das ist doch die Polin", rief er verblüfft. „Was haben Sie, Mademoiselle?" Er faßte sie am Ellbogen. „Kann ich etwas für Sie tun?"

„Bitte, lassen Sie mich", flüsterte Marie. „Mit mir ist nichts."

Er schlurfte in Pantoffeln neben ihr her und hielt sie weiter fest.

Marie drehte den Kopf nicht. „Lassen Sie mich bitte los. Sie müssen mich nicht halten." Sie bewegte kaum die Lippen.

Der Mann hatte den Eindruck, daß sie ihn gar nicht sah. Sie blickte durch ihn hindurch, irgendwohin in den leeren, dunklen Hausflur. Betrunken war sie nicht, erkannte er. Er hielt ihren Arm nur noch lose. Sie hätte sich leicht befreien können, wenn sie es gewollt hätte; aber sie bemerkte es nicht.

„Was ist mit ihr?" forschte die Hausmeisterin. Sie erschien unter der Tür und drängte ihn beiseite. „Laß sie los, sie kommt schon allein zurecht. Wenn sie erst in ihrem Zimmer ist und im Bett liegt, geht es wieder." Sie blickte auf die junge Frau. War sie krank? Aber was ging es sie schließlich an? Jeder mußte sehen, wie er seine Schwierigkeiten bewältigte. „Gehen Sie in Ihre Mansarde und schlafen Sie", sagte sie barsch. „Was tun Sie überhaupt um diese Zeit noch auf der Straße? Sie können höchstens Unannehmlichkeiten bekommen."

Der Mann zog ein Päckchen Zigaretten hervor und kramte in den Taschen nach Streichhölzern.

„Wollen Sie einen Schnaps?" fragte er. „Manchmal hilft's."

„Du mit deinem ewigen Schnaps!" sagte die Frau entrüstet. „Etwas anderes fällt dir nicht ein?"

Marie schüttelte den Kopf, machte eine unsichere Bewegung und stolperte. Der Mann ergriff ihren Arm. „Müde?" fragte er.

„Ich weiß nicht", flüsterte sie. „Ich glaube, ja."

„Na, bis zu Ihrem Zimmer werden Sie es noch schaffen. Oder soll ich Ihnen helfen?"

Sie schüttelte den Kopf. „Es wird schon gehen."

Das Hausmeisterehepaar sah ihr nach, wie sie die ausgetretene Treppe emporstieg, Stufe um Stufe, ein paarmal innehielt, sich an das Geländer klammerte und dann weiterschritt.

„Komm jetzt!" sagte die Frau schließlich, ein listig blitzendes Licht in den scharfen Augen. „Könnte dir wohl gefallen, was?"

Sie streichelte ihm den Arm und schob ihn vor sich her in die Wohnung. Während sie die Tür verriegelte, war es ihr, als habe sie irgendwo im Hausflur ein Geräusch gehört, einen Schlag oder Fall. Sie hob den Kopf, lauschte, doch alles blieb still.

Minuten später hörte sie Schritte vor der Wohnung, behende, leichte Schritte. Jemand blieb vor der Tür stehen und klopfte; ein leises, dringliches Pochen. Der Mann ließ die Zeitung sinken und horchte. Beide waren überrascht. Die Frau starrte ihn an und zögerte in jäher Furcht.

„Geh du und sieh nach, wer es ist!"

Der Mann ging zum Hausmeisterfenster und öffnete es. Draußen stand die Studentin, die das Mansardenzimmer neben der Polin bewohnte, zwei flammendrote Flecken auf den Wangen.

„Was ist los, Mademoiselle? Worum handelt es sich?"

Die junge Frau bebte vor Erregung. „Die Fremde – Sie wissen schon . . . Sie ist im dritten Stock zusammengebrochen. Sie liegt bewußtlos auf dem Treppenabsatz."

„Bewußtlos, sagen Sie?" fragte der Mann. „Warten Sie einen Augenblick, ich hole nur ihren Zimmerschlüssel. Am besten, Sie gehen schon voraus."

Sie fanden Marie leblos auf dem Boden liegend, zwei Mieter standen unschlüssig um sie herum. Der Hausmeister nahm sie auf die Arme und trug sie die Treppe empor.

„Schließen Sie auf!" sagte er zu der Studentin. „Hier ist der Schlüssel."

„Kommen Sie zurecht?" rief einer der Mieter empor. „Ich helfe Ihnen."

„Nicht nötig. Sie wiegt nicht mehr als ein zwölfjähriges Mädchen."

Die Studentin machte Licht, und er legte Marie auf das Bett. Als unter der Tür die ersten Neugierigen erschienen, schob sie der Hausmeister hinaus, nur die Studentin blieb bei ihm zurück.

„Schade, daß Sie nicht Medizin studieren", sagte er.

„Oh, ein bißchen weiß ich schon. Hat sie Verwandte oder Freunde in Paris? Irgend jemand, der sich um sie kümmern kann?"

„Ja, sie hat eine verheiratete Schwester hier. Die ist sogar Ärztin."

„Kennen Sie ihre Adresse? Wenn es nicht zu weit ist, hole ich sie."

„Ich hörte einmal, wie sie mit meiner Frau darüber sprach. Die kennt auch die Straße und Hausnummer. Ich glaube, Rue d'Allemagne."

Die Studentin blickte auf Marie und zögerte, dann öffnete sie die beiden obersten Knöpfe des Kleides.

„Sie bewegt sich schon", sagte sie erleichtert. „Es war nur ein leichter Ohnmachtsanfall. Aber ich gehe trotzdem."

Als Kasimir Dluski die Mansarde betrat, saß Marie bereits wieder über den Büchern am Tisch. Sie drehte den Kopf, und er erschrak. Die bleiche, wächserne Haut, die übergroßen Augen, die glänzten, als habe sie hohes Fieber.

„Es tut mir leid, daß man dich geholt hat", sagte sie leise. Um ihre Mundwinkel zitterte die Andeutung eines Lächelns. „Ich wußte es nicht, sonst hätte ich es verhindert."

„Was du nicht sagst! Aber nun bin ich hier, und nun werde ich sehen, was mit dir los ist." Er sah sie scharf an. „Hattest du das schon öfter? Ich meine, diese Ohnmachtsanfälle? Und keine Ausflüchte jetzt, wenn ich bitten darf."

„Ja, ein paarmal schon." Sie zögerte. „Aber es dauerte immer nur wenige Sekunden. Gestürzt bin ich dabei nicht. Es wurde mir einfach schwarz vor den Augen."

„Aha! Und was hast du dir dabei gedacht? Ich meine, als es vorbei war."

Sie zuckte die Schultern. „Gar nichts, wenn ich ehrlich bin. Ich habe überhaupt nicht darüber nachgedacht ...

Ich habe weitergelernt. Du weißt doch, daß ich in drei Monaten in die Prüfung muß."

„Schon recht, ja, das weiß ich", sagte er ärgerlich. „Ich weiß auch noch mehr, und ich will es dir sagen. Wenn du in dieser Weise weitermachst und Raubbau mit deiner Gesundheit treibst, wirst du so bald keine Prüfung machen, weil du nämlich haargenau auf einen totalen Zusammenbruch hinarbeitest." Er sah sie unter gerunzelten Brauen an. „Wenn du mir nicht glauben willst, kannst du auch deine Schwester konsultieren. Ich gehe jede Wette ein, daß sie dir dasselbe sagen wird. Vielleicht glaubst du ihr."

Sie hatte sich erhoben und war einen kleinen Schritt auf ihn zugetreten, die Fäuste geballt, Tränen in den Augen. „So begreife doch: Ich muß arbeiten. Das Geld, das mir Vater schickt, ist zu knapp, um ein halbes Jahr zu verlieren."

„Ist es nur das?" fragte er ruhig. „Steckt nicht auch noch ein bißchen mehr dahinter – Stolz und Ehrgeiz? Du willst das Examen nicht bestehen – du willst es auch als Beste bestehen. Das ist es!"

Sie errötete plötzlich. „Ich kann nicht anders", flüsterte sie.

„Das hört sich schon besser an", sagte er besänftigt. „So, und jetzt setz dich mal aufs Bett. Ich will dich untersuchen." Er sah, wie sie errötete. „Nein, du brauchst dich nicht auszuziehen. Es ist auch gleich zu Ende. Aber es muß sein."

Er prüfte Blutdruck, Puls und Temperatur. „Zeig mir mal die Zunge."

Sie ließ es gehorsam über sich ergehen. Plötzlich beugte er sich über sie, faßte sie an den Oberarmen. Im nächsten Augenblick trat er zurück und sah sie von oben nach unten an.

„Jetzt weiß ich Bescheid", rief er. „Und beschwören will ich, daß ich recht habe." Sein Blick glitt durch den kleinen Raum, den eine einsame Petroleumlampe in ein sanftes Halbdunkel hüllte. „Wo bewahrst du eigentlich deine Lebensmittel auf? Ich meinte das, was du heute abend essen wirst, und dein Frühstück für morgen früh."

„Ich bin heute nicht zum Einkaufen gekommen", gab sie mit einem verlegenen Lächeln zu. „Die Läden waren geschlossen, als ich aus dem Lesesaal kam. Da war halt nichts mehr zu machen."

Er nickte. „Und jetzt hast du für heute abend nichts und für morgen früh auch nichts. Oder irre ich mich da?"

Sie blickte zu Boden. „Ich hatte es einfach vergessen", gestand sie nach einer Weile.

Er nickte wieder, und ein Hauch von Sarkasmus schwang in seiner Stimme. „Das dachte ich mir. Und was hast du heute früh gegessen?"

„Heute?" sagte sie überrascht. „Ach, das weiß ich gar nicht mehr . . . Eben irgend etwas, was man morgens so ißt."

„Wunderbar! So, und nun werde ich dir sagen, was du heute früh und wahrscheinlich auch gestern gegessen hast: Gar nichts! Überhaupt nichts." Er schwieg und biß sich auf die Unterlippe. „Was du da tust, das grenzt nicht nur an Selbstmord – das ist Selbstmord . . . Du bist dabei, dich langsam zu Tode zu hungern. Wenn du dich wäschst, hast du dir deine Arme einmal im Spiegel angesehen?" fragte er mit vorgerecktem Kopf. Dann gab er sich in wütendem Humor die Antwort selbst: „Nein, wahrscheinlich nicht, weil du dabei in irgendein Physikbuch gesehen hast . . . Aber schau sie dir morgen früh einmal an! Tu es wirklich! Du bist eine Frau von Mitte Zwanzig, aber du hast Arme, als wärst du gerade halb so alt. So geht das nicht. Das sage ich dir als Schwager, aber vor allem als Arzt."

„Du weißt, daß Kochen nie meine Stärke war", sagte sie kleinlaut. „Irgendwie habe ich im Gegensatz zu Bronia nie die Zeit gefunden, es zu lernen."

„Und weil du's nie gelernt hast, willst du dir auch gleich das Essen abgewöhnen. Aber das funktioniert nicht. Glaub mir das . . . Damit kommst du nicht durch."

„Also jetzt hör mir mal zu, Kasimir! Ich bin eine schwer arbeitende Frau, falls du es noch nicht bemerkt hast. Ich habe nie die Künste der hohen Küche kennengelernt, darum vermisse ich sie auch nicht. Ein Pfund Kirschen, ein Bündel Radieschen, ein Butterbrot, ein paar Äpfel, die reichen mir."

„Durchaus", sagte er. „Nur hast du selbst die nicht – und du hast auch kein Geld, sie dir morgen früh zu kaufen, wie ich annehme. Oder ist das falsch?"

„Der Monatsscheck ist noch nicht gekommen", murmelte sie düster. „Ich hatte mir zwar etwas zurückgelegt, aber das Geld brauchte ich dann zum Besohlen meiner Schuhe. Jetzt weißt du's! Und nun wollen wir nicht mehr darüber reden."

„Brauchen wir auch nicht", erwiderte er. „Ich sage dir nur noch, was wir tun werden. Du packst deine Sachen, die du in der nächsten Zeit benötigst, einschließlich deiner Lehrbücher, und dann gehen wir zu uns. Bronia wird schon auf dich warten. Ich habe ihr einen Zettel mit der Nachricht hinterlassen, daß man mich zu dir gerufen hat. Sie selbst war bei einer Geburt, als ich wegging."

„Aber wieso denn?" fragte sie.

„Weil es so mit dir nicht weitergehen kann. Darum! Weil du wieder richtige Mahlzeiten brauchst, wenn du in die Prüfung willst. Klar? So, und jetzt packen wir."

Das Haus war still. Die Mieter schliefen längst. Niemand außer ihnen schien mehr unterwegs zu sein. Sie gingen rasch, ihre Schritte hallten hart auf dem Pflaster. Sie sprachen nicht miteinander, aber er sah, daß Marie die frische Luft guttat.

Bronia hatte eine Suppe gekocht und einen Kuchen gebacken. Sie fuhr herum, als sie die Wohnung betraten, und schloß Marie in die Arme.

„Kleines, wie fühlst du dich? Geht es wieder? Kasimir schrieb mir, man hätte ihn zu dir gerufen." Sie umarmte die Schwester, drückte sie an sich und küßte sie auf die Wange.

„Es geht mir schon wieder besser", sagte Marie rasch. Die nahrhaften Düfte, die den Raum durchzogen, machten sie fast schwindelig. Mit einemmal spürte sie wieder, wie hungrig sie war. Kasimir hatte das Bücherpaket in ihrem alten Zimmer abgelegt und kam nun heran.

„Sieh sie dir nur an", murmelte er. „Sieh sie genau an! . . . Sie ist vor Hunger ohnmächtig geworden, weil sie seit Tagen nichts gegessen hat. Ist so etwas überhaupt zu fassen?" Er schüttelte den Kopf. „Wenn wir nicht aufpassen, verhungert sie uns mitten in Paris. Hab' ich nicht recht?" sagte er ruhig. „Ist es nicht so?"

„Ja! Ja! . . . Aber nun reicht es."

„Gut, nachdem das geklärt ist, können wir jetzt etwas essen." Seine Stimme hatte zu ihrer alten Gutmütigkeit zurückgefunden. „Wenn ich nicht irre, handelt es sich um Kartoffelsuppe. Die Düfte sind unverkennbar."

Bronia holte die Teller und brachte den Topf auf den Tisch. „Zu einer Suppenterrine haben wir es noch immer nicht gebracht", sagte sie strahlend. „Aber irgendwann werden wir uns diesen Luxus auch leisten können, hoffe ich. Hier ist auch Brot."

Während des Essens sprach niemand. Als Nachtisch gab es Rosinenkuchen, dazu Tee. Marie aß mit Hingabe. Als man schließlich beim zweiten Glas Tee angekommen war, nahm Bronia das Gespräch wieder auf.

„Ich weiß nicht, was du mit Kasimir ausgemacht hast –"

„Nichts! Gar nichts", sagte Marie rasch.

Bronia lächelte ihre Schwester an, aber ihr Ton war eisenhart. „Dann will ich dir sagen, wie es weitergeht . . . Du hast in wenigen Monaten dein Examen, und solange wirst du bei uns bleiben. Du wirst hier wohnen – in deinem alten Zimmer, du weißt schon –"

„Aber das kann ich nicht!"

„Du kannst es, weil ich es will . . . Und ob hier zwei oder drei Personen essen, das spielt keine Rolle, wie du weißt."

„Aber das ist unmöglich, dann habe ich fast eine Stunde Fahrt täglich. Diese Zeit fehlt mir."

„Es ist das Geld", warf Kasimir ein. „Sie hat Vaters Scheck noch nicht erhalten. Sie kann den Pferdebus nicht bezahlen."

„Du kriegst von mir das Geld", rief Bronia. „Ich habe heute abend einen kräftigen Jungen in die Welt setzen helfen. Das Honorar reicht für den Bus." Plötzlich lächelte sie und fuhr in einem grimmig entschlossenen Ton fort: „So, und jetzt gehst du in dein altes Zimmer, und schläfst für den Rest der Nacht. Gelernt wird nicht mehr. Morgen sehen wir dann weiter."

Die Abschlußprüfungen waren vorüber. Die Studenten hatten sich in einem der Hörsäle eingefunden, um die Ergebnisse zu erfahren. Marie lehnte am Fenster. Zuweilen streiften sie die Blicke der Studenten, doch niemand sprach sie an. Wie würde die Fremde abschneiden, die in dem gleichen dunklen Kleid gekommen war, das sie schon seit dem ersten Tag trug und in dem alle sie kannten? Wenn einer sicher sein konnte, bestanden zu haben, dann sie. Darin waren sich alle einig. Doch sie selbst war sehr viel weniger zuversichtlich, auch wenn sie es nicht zeigte. Hatte sie wirklich ihre Kenntnisse voll ausgeschöpft? Während sie stumm vor sich hin blickte, war sie sich plötzlich wieder ihrer Nervosität bewußt, die sie in all den Tagen der mündlichen und schriftlichen Prüfung nie verlassen hatte. Eingepfercht mit dreißig anderen Studenten, hatte sie über den schriftlichen Arbeiten gesessen, während die Buchstaben vor ihren Augen verschwammen. Manchmal hatte sie Minuten gebraucht, ehe sie die geforderten Themen überhaupt verstand, die Vorgaben und dann die Fragen. Aber was hatte es für einen Sinn, jetzt darüber zu grübeln, nachdem die Entscheidung längst gefallen war?

Sie zog ein Mathematikbuch aus der Tasche, dazu Block und Bleistift, um zu arbeiten. Wenn sie ihr Physikexamen bestanden hatte, würde sie noch Mathematik studieren. Der Entschluß war in Monaten in ihr gereift.

Physik ohne solide mathematische Kenntnisse, das brachte wenig, hatte sie erkennen müssen. Und sie wollte keine halben Sachen.

„Sie arbeiten, wie ich sehe. Sagen Sie's nur – dann geh' ich wieder."

Vor ihr stand Vera Dydynska, die wie sie Physik studiert hatte und gleichfalls aus Polen stammte. Sie war eine energische, robuste Person. Mehr als einmal hatte sie schon Marie beigestanden, wenn allzu selbstbewußte Studenten die scheue Kollegin bedrängt hatten. Einmal war sie sogar mit dem Schirm auf die andern losgegangen.

Marie hob den Kopf und lächelte. „Was ich hier tue, ist nicht wichtig. Eigentlich wollte ich nur die Wartezeit überbrücken", sagte sie. „Mir gelingt das immer am besten mit Arbeit."

„Also, dazu hätte ich nicht die Nerven. So etwas kann ich nicht." Vera lachte. „Mein Gott, waren das Wochen! Ein zweites Mal würde ich so etwas nicht durchstehen."

„Das meint man immer, wenn es vorüber ist."

„Ein Alptraum, diese Wochen! . . . Wissen Sie, was für mich das schlimmste war? . . . All die Monate hindurch bin ich insgeheim den Verdacht nicht losgeworden, daß das, was ich da gelernt habe, im Grunde völliger Blödsinn ist – zu nichts nutze! Millionen von Menschen haben nie etwas davon gehört und leben glücklich." Sie lachte ihr lautes, ansteckendes Lachen. „Nur mir mußte ein gnadenloses Schicksal so etwas bescheren. Ist Ihnen dieser Verdacht noch nie gekommen?"

Marie zögerte. Sie wußte nicht, wie diese Frage gemeint war. „Erwarten Sie jetzt eine ernsthafte Antwort von mir?" fragte sie.

„Nein, nein! Lassen Sie nur!" rief Vera sofort. „Solche Zweifel sind Ihnen fremd. Da bin ich ganz sicher . . . Aber sagen Sie mal, was machen Sie, wenn hier erst alles vorüber ist? Bleiben Sie in Paris?"

„Ich fahre nach Hause. Übermorgen, denke ich. Das ist schon seit Monaten besprochen", sagte Marie. In einem plötzlichen Einfall hob sie den Kopf. „Aber da könnten wir doch –"

„Na, klar! Deswegen frage ich. Zweitausend Kilometer Bahnfahrt ertragen sich zu zweit sehr viel leichter. Ist das nicht toll? Fabelhaft! ... Wir fahren zusammen. Gleich morgen besorgen wir uns die Fahrkarten."

„Falls wir bestanden haben. Aber über die Einzelheiten reden wir später", sagte Marie hastig. „Da tut sich etwas."

Die Tür war geöffnet worden, und einer der Professoren erschien, einen Stoß Papiere in der Hand. Das mußten die Zeugnisse sein, dazu eine Liste. Professor Leclerc war einer der jüngeren Dozenten, etwa Mitte Vierzig, nur gerade mittelgroß, mit einem wirren Schopf rotblonder Haare, die immer aussahen, als habe sie noch nie ein Kamm berührt.

„Daß noch niemand in diesem Qualm erstickt ist, läßt mich hoffen", rief er in das Durcheinander. „Da Sie sich heute über das Rauchverbot kein Kopfzerbrechen machen, darf ich mich anschließen."

Nach dieser Erklärung setzte er sich, warf seinen Hut auf einen der Tische und zog seine Pfeife heraus – eine alte, schwarzgerauchte Pfeife, die aus der Schmiede des Vulkan zu stammen schien. Er stopfte sie, riß ein Streichholz an und sagte, während er gemütlich zu paffen begann: „Nun ist es also wieder einmal soweit, verehrte Kolleginnen und Kollegen. Die Würfel sind gefallen. Ein erbarmungsloses Schicksal hat entschieden."

Jeder in der kleinen Gruppe wußte um die Regeln. Absolute Stille legte sich über den Raum. Der Professor sog gedankenvoll an seiner Pfeife und raschelte mit den Zeugnissen. Er kannte diese Spannung und schien sie zu genießen.

„Also", sagte er entschlossen, „dann wollen wir jetzt einmal sehen, was meine Liste meldet ... Da ist zunächst Marie Sklodowska – herzlichen Glückwunsch, Kollegin."

Vera schob Marie zum Tisch des Professors, der ihr die

Hand reichte und das Zeugnis gab. Du lieber Himmel, sie hatte es geschafft! Sie hatte es geschafft, und zwar als Beste. Jetzt war sie wieder im Leben, in diesem herrlichen Leben, wußte nichts mehr von Hunger und Müdigkeit. Alle Zweifel waren vergessen. Sie war durchgekommen, hatte sich durchgesetzt, obwohl sie nicht zu den alten, reichen französischen Familien gehörte.

Sie trat vom Tisch zurück. Alles schien sich um sie zu drehen. Wie über endlose Entfernungen hinweg hörte sie den nächsten Namen, den übernächsten. Vera kam ihr entgegen, drückte sie an sich, küßte sie auf die Wangen. Sie merkte es nicht. Es war also doch nicht vergebens gewesen – nicht die langen Nächte, die endlosen Fahrten auf dem Oberdeck der Pferdebusse bei sengender Hitze und peitschendem Regen.

Inzwischen ging die Zeugnisausgabe weiter. Name folgte auf Namen.

„Das wäre es dann", hörte sie die Stimme Professor Leclercs. Er faltete die Liste zusammen und steckte sie ein. Er lächelte sein wissendes, feines Lächeln. „Ist noch ein Kommentar zu machen?" fragte er in die Runde, und als sich niemand meldete, wünschte er allen Glück für den neuen Lebensabschnitt.

Ein paar Studenten, die es nicht geschafft hatten, grinsten matt, sonderbar betreten, und zuckten betroffen die Schultern. Andere waren dankbar, die Erleichterung war ihnen anzumerken. Stumm studierten sie ihre Zeugnisse. Doch die meisten beklopften sich die Schultern, lachten laut und schlugen wie Müllkutscher aufeinander ein.

Vera, die gleichfalls bestanden hatte, umarmte Marie immer wieder.

„Ist das nicht großartig!" rief sie. „Ganz unausdenkbar schön! Aber was müssen Sie für einen Kopf haben! Nicht zu fassen!"

„Sie haben doch auch bestanden", sagte Marie rasch und tätschelte Veras Arm. „Mehr als bestehen, das kann man doch nicht."

„Jetzt reden Sie gegen besseres Wissen. Ein Examen, wie Sie es gerade bestanden haben, könnte ich nie ablegen, selbst wenn ich noch zwei Jahre Studium anhängen würde. Dafür ist mein Kopf einfach nicht eingerichtet – und Sie wissen es", entschied sie mit einem hellen Lachen. „Aber das macht gar nichts!" rief sie. „Mir reicht es, und ich bin glücklich. Wenn ich jetzt nach Warschau zurückfahre, habe ich alles erreicht, was ich wollte."

Sie wurden unterbrochen. Einer der Studenten stand plötzlich vor ihnen. Er hatte gleichfalls bestanden. Die leichte Röte zeigte, wie verlegen er war. Er wandte sich an Marie.

„Erlauben Sie mir, daß ich Ihnen zu diesem Examen gratuliere. Sie sind eine großartige Person, Mademoiselle Sklodowska – eine ganz tolle Person. Meine Freunde und ich bewundern Sie sehr."

Marie konnte nicht verhindern, daß sie errötete. „Das ist sehr nett von Ihnen, und ich bedanke mich herzlich."

„Wir hatten gehofft, Sie zu einer kleinen Feier einladen zu dürfen. Es gibt da ein sehr nettes Lokal ganz in der Nähe."

„Lieber nicht. Nein, heute nicht . . . Ich bin zum Umfallen müde. Außerdem erwartet mich meine Schwester."

Im September 1893 kehrte Marie Sklodowska nach Paris zurück, um an der Sorbonne Mathematik zu studieren. Ein Jahr würde sie bis zum Examen brauchen, hatte sie sich ausgerechnet, wenn sie mit dem gleichen Fleiß an die Arbeit ging. Die Wochen in Polen waren wie im Fluge vergangen. Alle waren zunächst erschrocken gewesen, als sie die junge Studentin sahen, und hatten dann ohne viel Worte begonnen, sie aufzufüttern. Sie wußte nicht, wieviel sie zugenommen hatte. Solche Nebensächlichkeiten interessierten sie nicht. Sie merkte es nur an ihrem Kleid, das nirgendwo mehr passen wollte. Trotzdem hatte sie es wieder eingepackt, weil sie ahnte, daß sie es in wenigen Wochen erneut brauchen könnte.

Ganz so schwierig würde es in den nächsten Monaten allerdings nicht werden. Vera Dydynska, die in Warschau geblieben war, hatte ihr mit Eifer und Zähigkeit das Alexandrowitsch-Stipendium verschafft. Es wurde nur an besonders begabte Studenten verliehen, die im Ausland studierten. Das Stipendium brachte ihr sechshundert Rubel, genug, um länger als ein Jahr davon leben zu können. Sie selbst hätte niemals daran gedacht, um eine solche Vergünstigung zu bitten. Ihr hätte auch der Mut dazu gefehlt. Da war Vera aus anderem Holz geschnitzt.

Marie fand ein neues Zimmer in Paris, wiederum unter dem Dach und im sechsten Stock. Doch anstelle eines Steinbodens war es mit Parkett ausgelegt. Schwester und Schwager halfen ihr beim Einrichten und dem Aufstellen der Möbel.

„Ist es nicht wundervoll hier?" fragte sie den Schwager während einer Pause. Sie tranken Tee, den sie aus Warschau mitgebracht hatte.

„Für eine Weile wird es gehen", meinte Kasimir zweifelnd und blickte sich um. „Wenn ich ehrlich bin, ich habe schon gemütlichere Zimmer gesehen."

„Oh, es ist herrlich", bestätigte sie strahlend. „Zwei ganze Tage bin ich danach herumgerannt. Die meisten Zimmer waren einfach niederschmetternd. Entsetzlich, sage ich euch."

„Wie steht es mit dem Preis?"

„Es ist sogar fünf Francs billiger als das letzte." Sie lachte. „Natürlich wäre hier einiges zu renovieren. Es ist wirklich ein bißchen heruntergekommen. Wahrscheinlich hat man hier seit zwanzig Jahren keine Reparatur mehr vorgenommen, und die Leute sind sicher froh, daß sie's überhaupt vermieten konnten. Aber ach!" rief sie hingerissen. „Mich stört's nicht. Ich seh's gar nicht. Ich habe andere Sorgen."

„Du wirst's schon schaffen", tröstete Bronia. „Sag mal, hast du dich schon an der Sorbonne eingeschrieben?"

„Ja, gestern morgen", gestand sie. „Ich habe es einfach

nicht mehr ausgehalten. Ich habe mir auch schon eine
Reihe von Mathematiklehrbüchern ausgeliehen. Ihr wißt
ja, daß ich hier, wie in der Physik, erhebliche Lücken
habe."

„Nicht lange, so wie ich dich kenne", sagte Kasimir.
„Bei einer Arbeitszeit von vierzehn oder fünfzehn Stunden täglich, wirst du bald Anschluß finden."

„Na ja, einiges läßt sich damit schon aufholen. Das
glaube ich selbst", gestand sie zögernd, dann lachte sie
leise.

„Gut", sagte Bronia entschieden. „Wenn mich mein
Gefühl nicht sehr täuscht, dann sind wir jetzt hier über-
flüssig. Ich hole nur rasch Hut und Mantel, und wir machen uns auf den Heimweg."

Kasimir nickte. „Um hundert Francs gewettet, daß
sie fünf Minuten später über den Büchern sitzt."

Marie errötete. „Ich wollte euch nur sagen, wie sehr ich
euch danke –"

„Einen Augenblick!" unterbrach Bronia. Sie wandte
sich an die Schwester und nahm deren Hände. „Sind wir
Verwandte oder nicht? Es gibt da nichts zu danken. Wir
können sowieso wenig genug für dich tun. Ich wünschte,
weiß Gott, die Verhältnisse wären anders. So, und nun
lassen wir dich mit deiner Arbeit allein. Langweilig wird
es dir nicht werden, nehme ich an."

Sie küßten einander auf die Wangen, dann öffnete Kasimir die Tür der kleinen Dachkammer. Marie hörte das
Geräusch von Schritten, die sich Stock um Stock entfern-
ten, dann fiel tief unten eine schwere Tür ins Schloß.

Sie kehrte zu ihrem Arbeitstisch zurück, auf dem sich
die Bücher stapelten, und während sie die Titel überprüfte, einige Lehrbücher anlas, breitete sich in ihr eine ungeheure Freude aus. Die Rückkehr nach Paris, die so lange
fraglich gewesen war, gab ihr ein Gefühl von Wohlbefin-
den, Kraft und Glück, wie sie es in dieser Stärke selten
empfunden hatte. Plötzlich waren Paris, die Universität
und das Studium wieder etwas Herrliches. Sie vergaß so-

gar alle Furcht vor dem schwierigen Lernstoff. Ihr Verstand würde sich mit den besten Geistern messen.

In der Mathematik gab es keine haltlosen Vermutungen, keine Meinungen. Jede Behauptung war zu beweisen, sonst reizte sie zum Lachen. Es war die Welt der klar definierten Begriffe, der nachprüfbaren Formeln und Beweise. Doch was auf sie wartete, waren auch Monate der schrecklichen Einsamkeit, eine Zeit der gnadenlosen Verlassenheit, in der niemand ihr helfen konnte, und auch der Armut. Sie würde ihr Studium nur abschließen können, wenn sie auf alle Bequemlichkeiten verzichtete, die anderen selbstverständlich waren.

So wurde diese halbe Stunde nach dem Besuch von Schwester und Schwager zum Auftakt schwerster Arbeit. Sie besuchte regelmäßig die Vorlesungen, machte sich Notizen und Zusammenfassungen, las den Stoff in den Lehrbüchern nach. Nie, so kam es ihr vor, hatte sie sich zu so erschöpfend intensiver Arbeit angetrieben.

Nacht für Nacht hockte sie über ihren Aufzeichnungen, korrigierte und ergänzte. Sie las nach, was andere über das Thema geschrieben hatten, sie las es zwei- und dreimal, schrieb lange, schwierige Kommentare und Kritiken zu den einzelnen Arbeiten, stand sogar plötzlich auf, aus dem ersten Schlaf geschreckt, um das oder jenes noch einmal nachzulesen. Sie schlief über den Büchern ein, hob Minuten später wieder den Kopf, warf sich aufs Bett, stand auf, schritt im Zimmer hin und her. Es war ihre Pflicht, die Bücher durchzuarbeiten, und sie las sie zu Ende. Sie löste die Aufgaben, die meisten sogar ohne sonderliche Mühe, doch da kein Echo kam und sie nie wußte, wo sie im Vergleich zu den anderen stand, blieb das Erfolgserlebnis aus.

Als der Winter mit seinen kalten, regnerischen Abenden begann, ging sie wieder in den Lesesaal der Universität, um Licht und Heizung zu sparen. Allein schritt sie durch die leeren Wandelgänge. Die Bibliothek war von den meisten Studenten längst verlassen. Hie und da hockte noch ein einzelner, von Bücherstapeln eingefaßt. Es gab nur wenige Geräusche: Irgendwo wurde eine Tür zugeschlagen, Schritte hallten auf den glattgebohnerten Steinfliesen. Die Putzfrauen gingen ans Werk, es wurde gescheuert, ein Eimer rasselte. Die Luft war geatmet, aber- und abermals geatmet worden. Die langen Buchreihen entlang der Wände mit ihren abgeschabten Rücken, die Tische und Stühle, kurz, alles in dem hohen Raum stöhnte gewissermaßen unter der nervösen Ausgemergeltheit der letzten Besucher.

Wenn sie an solchen Abenden die Treppe hinuntereilte, fühlte sie sich so allein, so grenzenlos allein, als lebte sie auf einem fremden Stern. Sie suchte keine Freundschaften, sie schloß sich auch keiner Gruppe an, was manche Vorteile geboten hätte. Es gab Tage, an denen sie keine zwanzig Sätze sprach. Hinzu kam, daß sich nur wenige Frauen an die höhere Mathematik wagten. In vielen Vorlesungen war sie die einzige Frau. Sie war ein Einzelgänger, scheu und verschlossen, und natürlich fiel sie auf. Das galt für die Studenten wie auch für die Professoren. Deren Interesse erstreckte sich dabei ebenso auf ihr Äußeres, das blonde Haar, die übergroßen Augen, die schlanken Hände und das dunkle Kleid, das sie Monat um Monat trug, wie auch auf ihre fachlichen Fähigkeiten.

Immer wieder mußte sie es erleben, wie sie einer der Dozenten plötzlich aufrief: „Mademoiselle Sklodowska, vielleicht können Sie uns bei diesem Problem helfen? Kommen Sie doch bitte einmal nach vorn. Es würde uns interessieren, wie Sie das angehen."

Tapfer ging sie dann nach vorn, während der Hörsaal um sie zu schwimmen schien. Ihre Kehle war ausgetrocknet. Während der ersten Worte versagte ihr die Stimme. Sie griff daneben, die Kreide fiel zu Boden. Doch dann, zwei Minuten später, eingefangen von dem mathematischen Problem, das man ihr gestellt hatte, ging eine Verwandlung mit ihr vor. Sie vergaß ihre Umgebung; sie

56

rechnete, sprach halblaut dazu. Nun saß auch die Kreide fest in ihrer Hand. Lautlose Stille herrschte, während sie mehr für sich als für die Zuhörer das Problem entwickelte. So sagte sie etwa: „Schon die Brüder Johann und Jacob Bernoulli wie auch Euler haben sich mit den Fragen der Variationsrechnung beschäftigt. Doch dann kam Lagrange 1760 auf folgende Methode . . .“

Die Kreide hielt die Voraussetzungen fest. „Nach den Differentialregeln der bestimmten Integrale hat man nun, wenn wir die partiellen Ableitungen von L durch beigesetzte Indizes bezeichnen, folgendes . . .“ Wieder fuhr die Kreide über die Tafel. „Statt der Gleichung kann man also schreiben . . .“ Und sie schrieb mit ihrer präzisen, kleinen Schrift, die sich ihr ganzes Leben nicht ändern sollte, das Ergebnis nieder.

Während Marie mit gesenktem Kopf zu ihrem Platz zurückkehrte, herrschte lautlose Stille. Alle waren sich der besonderen Leistung bewußt. Sie hatte sich nicht zu dieser Schaustellung gedrängt. Alle spürten, daß sie noch sehr viel mehr hätte sagen können, daß ihr jederzeit gegenwärtig war, was noch andere zu diesen Problemen zu sagen hatten. Jeder wußte auch, daß diese scheue Fremde lieber geschwiegen und still auf ihrem Platz geblieben wäre.

Es trat ein sehr beredtes Schweigen ein. Der Professor lächelte ein wenig matt. Mit distinguierter Gebärde kehrte er zum Pult zurück, sah seine Zuhörerschaft an und fragte: „Gibt es dazu noch eine Bemerkung zu machen?“

Von ihrem Gewissen getrieben, der Furcht vor dem Versagen, von einem Gefühl des Allein- und Verlassenseins beherrscht, grimmig entschlossen, nicht aufzugeben, solange sie noch einen Atemzug tun und einen Arm heben konnte, leistete sie Übermenschliches. Sie hagerte ab bis auf die Knochen. Sie trieb sich an. Sie vermied alle Geselligkeit. Manchmal brachte sie es in einer ganzen Woche nicht auf eine einzige warme

Mahlzeit, aber sie überblickte den Lehrstoff, und der Tag kam, an dem sie wußte, sie brauchte nicht länger in Furcht zu leben.

Sie wurde am Ende des akademischen Jahres zweite auf der Examensliste und besaß nun eine Ausbildung wie kaum eine andere Frau vor ihr.

Ihre ungewöhnlichen Qualifikationen blieben in den Fachkreisen der Universität nicht verborgen. Mehrere junge Wissenschaftler interessierten sich für die verschlossene Fremde, die noch immer niemand erlaubte, sie zu duzen oder sie beim Vornamen zu nennen.

Eines Tages erschien ein älterer Herr im Labor und fragte nach Mademoiselle Sklodowska. Marie blickte von ihrem Arbeitstisch auf, verwirrt über den unbekannten Besucher und überzeugt, daß es sich um einen Irrtum handeln müsse.

„Wünschen Sie mit mir zu sprechen?" fragte sie. Sie spürte die Blicke der Studenten und Assistenten auf sich gerichtet.

„Wenn Sie Mademoiselle Marie Sklodowska sind, hätte ich gern mit Ihnen gesprochen. Mein Name ist Drouet."

„Ich weiß nicht . . . "

„Oh, ich habe schon Professor Lippmann informiert", sagte Drouet ruhig. „Wir sind alte Bekannte. Er stellt uns sein Büro für diese Unterredung zur Verfügung. Wenn Sie einverstanden sind, würde ich mich dort gern mit Ihnen unterhalten." Ihr Zögern war ihm nicht entgangen. „Ich würde hier nicht gern die Arbeit Ihrer Kollegen stören."

Sie nickte schließlich. Lippmanns Büro war kaum mehr als ein kleines Abteil, das man durch eine eingezogene Wand vom Labor abgetrennt hatte und das eine Mattglasscheibe besaß, durch die das Licht fiel. Außer zwei Stühlen waren da ein alter, schadhafter Schreibtisch, ein kleiner verbeulter Blechschrank, unter Stößen von wissenschaftlichen Zeitschriften fast begraben, und ein schmaler Bücherschrank, in dessen Regalen die Fachbücher standen.

„Nehmen Sie Platz, Mademoiselle", sagte Drouet und deutete auf einen der beiden Stühle. „Ich bin Ihnen zunächst noch eine Erklärung schuldig. Ich bin Vizedirektor der Gesellschaft zur Förderung der nationalen Industrie. Wir suchen seit langem einen Wissenschaftler für eine besondere Aufgabe und dachten dabei an Sie."

„An mich?" fragte Marie überrascht. „Wie sind Sie gerade auf mich gekommen? Sie kennen mich doch gar nicht –"

„Da irren Sie aber sehr. Es gehört zu unseren Interessen, junge Naturwissenschaftler mit überdurchschnittlichen Leistungen zu gewinnen, und die haben Sie erbracht."

„Aber ich bin Polin."

„Das hat für uns nichts zu bedeuten. Hier handelt es sich nicht um Landesgeheimnisse, sondern um eine wissenschaftliche Arbeit."

Marie saß da und schaute geraden Blickes durchs Fenster. Sie schwieg. „Darf ich erfahren, um welche Art von wissenschaftlicher Arbeit es sich handelt?" fragte sie leise.

„Gewiß. Darum bin ich hier." Die Andeutung eines Lächelns erschien auf Drouets Lippen und verschwand wieder. „Es handelt sich um eine Untersuchung über die magnetischen Eigenschaften verschiedener Metalle."

Marie schwieg und blickte an Drouet vorbei.

Drouet beugte sich ein wenig vor. „Es ist sicher eine Arbeit, die Sie einige Monate in Anspruch nehmen wird. Wir wissen das, und wir zahlen entsprechend. Für uns kommt es auf absolut gesicherte Ergebnisse an."

„Aber ich habe kein Labor. Diese Analysen brauchen sehr viel Raum", wandte sie ein. „Wo soll ich die Untersuchungen machen?"

„Da können Sie beruhigt sein. Professor Lippmann ist unterrichtet, und er ist damit einverstanden, daß Sie in seinem Labor arbeiten. Er hat Sie uns übrigens auch empfohlen."

Marie suchte die Augen des Vizedirektors. „Ich gebe zu, Ihr Angebot ist sehr verlockend", sagte sie zögernd. „Wieviel Zeit lassen Sie mir? Ich möchte sehr gern darüber in Ruhe nachdenken."

„Bis morgen", sagte Drouet entschieden. „Morgen schicke ich einen meiner Mitarbeiter mit dem Vertrag." Er erhob sich. „Ihm geben Sie Ihre endgültige Antwort und unterschreiben, wenn Sie zustimmen wollen." Er sagte es lächelnd, aber seine Augen ließen keinen Zweifel daran, daß er es ernst meinte.

„Einverstanden", sagte sie leise. Sie war noch nicht gewonnen. Er spürte es, als er ihr die Hand reichte.

Eine halbe Stunde später ließ sie Professor Lippmann in sein kleines Büro bitten. „Ich hoffe, Sie haben zugesagt, Mademoiselle Sklodowska. Aus langer Erfahrung kann ich Ihnen sagen, daß solche Angebote nicht alle Tage gemacht werden."

„Ich weiß das", sagte Marie, „Und ich danke Ihnen, daß Sie dabei an mich gedacht haben. Es ist eine hohe Ehre für mich."

„Aber endgültig entschlossen sind Sie noch nicht, wie ich sehe", meinte er.

„Das ist richtig. Ich habe mir bis morgen Bedenkzeit erbeten."

Er sah sie ein wenig betreten an. „Was ist es, das Sie zögern läßt?" fragte er unsicher. „Vielleicht kann ich Ihnen helfen."

„Da ist die Frage nach den Örtlichkeiten. Ich habe kein Labor", gestand sie. „Die Versuche brauchen Platz. Das läßt sich an einem einzigen Tisch nicht machen."

„Oh, wenn das Ihre Bedenken sind, dann kann ich Sie beruhigen. Wir alle werden zusammenrücken", entschied er. „Das wird ohne große Schwierigkeiten gehen. Also, überlegen Sie es sich bis morgen."

Am nächsten Tag nahm sie den Auftrag an, und eine

knappe Woche später sah sie alle ihre Bedenken bestätigt. Das Labor, in dem noch vier Physiker arbeiteten, erwies sich als viel zu klein. Am Abend berichtete sie ihrer Schwester von den Schwierigkeiten.

„Du meinst also, das ist bei Lippmann nicht zu machen?" fragte Bronia und nagte an ihrer Unterlippe.

„Ich habe es gewußt", gestand Marie. „Ich hätte nicht darauf eingehen dürfen. Es ist ganz allein meine Schuld, aber das macht die Sache auch nicht besser."

„Ein Labor habe ich natürlich auch nicht", sagte Bronia. „Aber warte, da fällt mir etwas ein! Heute abend kommt Joseph Kowalski, der Professor, zu uns. Er ist für einige Wochen in Paris, wo er mehrere Vorträge hält."

„Du meinst den Physiker, der in Freiburg an der Universität lehrt?" fragte Marie überrascht. „Das ist ja ein ganz berühmter Mann."

„Richtig, genau den meine ich", rief Bronia. „Würdest du gelegentlich mal in eine Zeitung schauen, wüßtest du längst davon. Er kennt jeden in Paris, der irgend etwas mit Physik zu tun hat. Ihn fragen wir. Vielleicht kennt er einen, der einen kennt, der etwas weiß." Sie lachte über das Wortspiel. „Was hältst du davon?"

„Das wäre wunderbar." Marie strahlte auf. „Weißt du, ich wollte schon zu Drouet gehen und ihm den Auftrag zurückgeben."

„Das bleibt dir immer noch als letzte Möglichkeit. Also dann heute abend gegen acht."

„Tut mir leid", sagte Marie verlegen. „Tut mir leid, daß ich dich darum bitten muß, aber ich kann heute abend nicht. Könntest du ihn nicht auch fragen, ohne daß ich dabei bin?"

„So", sagte Bronia schnippisch und sah die Schwester aus den Augenwinkeln heraus an. „Du hast also etwas vor. Das hätte ich mir ja schon fast denken können."

„Ja", sagte Marie ernst. „Ich gebe einer französischen Mathematikstudentin Nachhilfeunterricht, und sie hilft mir dafür, mein Französisch zu verbessern. Weißt du, ich mag es einfach nicht, daß man nach zwei Sätzen, die ich sage, den Kopf hebt und fragt: ‚Woher kommen Sie? Darf ich einmal raten? . . .‘ Das habe ich einfach satt."

„Mit anderen Worten, du möchtest Französisch wie eine Französin sprechen. Ist es nicht so?"

„Das wird mir vielleicht nie gelingen. Da mache ich mir keine Illusionen. Aber versuchen will ich es zumindest."

„Gut! Du hörst also dann von mir."

„Vielen Dank, Bronia", sagte Marie erleichtert. „Das ist wirklich nett von dir, also wirklich."

## *Zeit der Liebe*

Zwei Tage später erhielt Marie einen Stadtbrief, in dem Professor Kowalski sie für den gleichen Abend einlud. Das Ehepaar wohnte in einer kleinen Familienpension. Frau Kowalski begrüßte Marie. Ihre Augen leuchteten, und ihre ganze Erscheinung drückte die Freude aus, die das Zusammensein mit Landsleuten bei ihr auslöste. Rosig, angeregt und vergnügt, ergriff sie Maries Hand und drückte sie zärtlich.

„Nett, daß Sie kommen konnten. Wir freuen uns wirklich."

Sie führte Marie in das Wohnzimmer. Professor Kowalski saß in einer Sofaecke, ein Teeglas in der Hand. Ein Fremder stand gegen die offene Balkontür gelehnt. Kowalski mochte Anfang Fünfzig sein. Sein Gesicht verschwand fast hinter einem Bart, der eckig geschnitten und von eisengrauer Farbe war.

Als er sich erhob und ihr die Hand küßte, sah sie, daß er nicht größer war als sie selbst. „Herzlich willkommen, Marie Sklodowska! Wir freuen uns, daß es Ihnen möglich war, uns heute abend zu besuchen. Die Einladung war ziemlich kurzfristig. Aber ein anderer Termin war in der Eile nicht möglich. – Darf ich Ihnen Monsieur Pierre Curie vorstellen – ebenfalls ein Physiker. Er unterrichtet an der Ecole des Physiques."

Pierre Curie war groß und schlank, hatte einen Bürstenhaarschnitt und trug einen kleinen Spitzbart. Seine Augen hefteten sich forschend auf Marie, dann lächelte er. „Wir sind uns bisher noch nicht begegnet, Mademoiselle", sagte er ruhig. „Sie haben Physik studiert, wie ich höre. Ziemlich ungewöhnlich für eine Frau. Aber warum eigentlich nicht?"

„Für mich war es das nie", sagte Marie errötend. „Es muß in unserer Familie liegen. Irgendwie sind wir alle vorbelastet."

„Setzen Sie sich doch. Professor Kowalski sagte mir, Sie hätten einen Auftrag übernommen, eine Versuchsreihe über die magnetischen Eigenschaften der verschiedenen Metalle bei unterschiedlichen Temperaturen, und nun gebe es Schwierigkeiten."

Marie blickte auf ihre Hände. „Was mich dabei am meisten ärgert", sagte sie leise, „ich habe die Schwierigkeiten vorausgesehen, und ich habe mich dennoch beschwatzen lassen! Dümmer kann man sich kaum anstellen." Ein ironisches Lächeln huschte über ihr Gesicht. „Eigentlich ist es nicht zu fassen! Man sieht, daß es mit den Mitteln, die man geboten bekommt, nicht zu schaffen ist, und gibt trotzdem nach."

„Das kommt vor", versicherte er ruhig. „Glauben Sie mir, solche Dinge habe ich auch schon gemacht. Aber vielleicht berichten Sie einmal."

„Es ist vor allem der Platzmangel. Man kann einfach keine präzisen Analysen und Messungen vornehmen, wenn man jeden Abend alles abräumen und am nächsten Morgen wieder aufbauen muß. Vielleicht gibt es welche, die das können; aber ich fürchte, ich gehöre nicht dazu. Mir stehen nicht mehr als zwei Quadratmeter Raum zur Verfügung. Ich bräuchte aber zehn oder zwölf. Doch das ist ein Problem von mehreren. Auch die Geräte, die Präzisionswaagen und was sonst noch dazu gehört, müssen wir uns teilen. Ständig fragt der eine den anderen, wann das Instrument nicht mehr gebraucht wird. Er steht dann dabei und wartet – ein stiller, aber unübersehbarer Vorwurf."

Er nickte verständnisvoll, während seine Augen sie nicht aus dem Blick ließen. Eine reizvolle Frau, entdeckte er: die hohe gewölbte Stirn, das volle, aschblonde Haar, das ohne jede Eitelkeit frisiert war. Ihr Gesicht war blaß, das Gesicht eines Menschen, der zu wenig Sonne bekam; die Augen sahen irgendwie müde aus, eine Folge von zuviel Arbeit. Sie hatte in abwartender Haltung einen Fuß vorgestellt, und er sah die zarte Fessel und den Ansatz des Beins. Die Schuhe schienen nicht weniger alt als das dunkle Kleid; das Oberleder war brüchig.

Zum erstenmal mischte sich die Gastgeberin in das Gespräch. „Vielleicht haben Sie einen Vorschlag", wandte sie sich an Curie. „Mademoiselle Sklodowska erwartet sicherlich kein großartiges Labor. Nur einen Ort, wo sie ungestört arbeiten kann."

Er sah die Sprecherin einen Augenblick an, dann sagte er zögernd: „Ich könnte Mademoiselle Sklodowska nur mein eigenes Labor anbieten, das ich in den nächsten Wochen nicht brauche; aber ich wage es nicht." Jetzt lächelte er.

„Oh!" machte Marie langsam. Nach einem Augenblick dann fügte sie hinzu: „Und warum nicht? Verzeihen Sie, wenn ich zudringlich bin."

„Was ich Ihnen anbieten könnte, ist im Grunde gar kein Labor, sondern nur ein primitiver Schuppen in der Rue Lhomond."

„Aber Sie haben doch auch dort gearbeitet." Sie sprach so leise, daß er sie kaum verstehen konnte. „Was Ihnen genügte, würde sicher auch mir ausreichen. Ich bin nicht anspruchsvoll", sagte sie.

„Helfen Sie ihr doch", mischte sich Frau Kowalski ein.

64

„Wir würden es wie einen uns selbst erwiesenen Dienst ansehen."

Nun redete auch ihr Mann. „Ja, merkst du denn nicht, daß er schon dabei ist, ihr zu helfen?" Er lachte plötzlich. „Er will nur Maries Erwartungen ein wenig dämpfen, das ist alles." Er beugte sich vor und streichelte Maries Hand. „Sie haben bei ihm gewonnen. Er wird für Sie tun, was er kann. Das sehe ich."

„Gut, schauen Sie es sich morgen an", entschied Curie. „Sagen wir, am späten Nachmittag."

„Einverstanden! Das ist wunderbar! Ich danke Ihnen."

Sie sah ihn an mit einem Lächeln, das ihre zarte Schönheit zum Erstrahlen brachte. Plötzlich war der Ausdruck stiller kritischer Zurückhaltung verwandelt in mädchenhafte Freude. Und er bemerkte, was er nun schon ein paarmal beobachtet hatte, nämlich daß die Augen der jungen Polin nicht hart und abweisend blieben, wenn sie sich freute, sondern rauchig hell wurden von einer tiefen Zärtlichkeit des Blicks.

Sie war am nächsten Nachmittag pünktlich. Die Ecole des Physiques, die Hochschule für Physik und Chemie, war ein altes mehrstöckiges Haus, das offensichtlich einst bessere Tage gesehen hatte. Sie schritt über einen verwahrlosten Hof, an dessen Südende ein alter Schuppen stand. Die Tür hing lose in den Angeln und war nicht mehr sicher zu verschließen. Gerade als Marie auf die Klinke drücken wollte, wurde sie von innen geöffnet, und Pierre Curie stand vor ihr.

„Nett, daß Sie pünktlich sein konnten." Er reichte ihr die Hand und lächelte. „Ich freue mich, daß wir uns schon heute wiedersehen. Ich habe gestern nacht immer wieder an unser Gespräch denken müssen."

„Wirklich?" sagte sie freundlich. „Dann kann ich nur hoffen, daß Sie Ihr Angebot nicht zurückziehen möchten."

„Aber nein! Im Gegenteil, ich wollte nur, ich könnte Ihnen etwas Besseres bieten. Aber kommen Sie doch herein."

Sie machte ein paar Schritte und stand in einem niedrigen, rechteckigen Raum. Das war nun wirklich eine Entdeckung! Staub und Schmutz, wohin sie auch blickte. Allerlei Geräte, seit Jahren nicht gebraucht, standen entlang der Wände. Ein alter Tisch ragte zwischen dem Abfall auf.

Die Decke, die sich in der Mitte zu einem Oberlichtfenster öffnete, war an den beiden Schmalseiten abgeschrägt, so daß man sich an den beiden Enden bücken mußte. Die einstmals weißgetünchten Wände waren dunkelgrau und stellenweise abgebröckelt, so daß der nachgedunkelte Mörtel zum Vorschein kam. Das Fundament mußte sich gesenkt haben, der Fußboden knarrte bei jedem Schritt.

Doch das alles störte Marie nicht. Sie ging den Raum in seiner ganzen Länge ab, begeistert über die Weiträumigkeit und unbeschränkte Bewegungsfreiheit, die sie nach der Enge ihres Arbeitsplatzes bei Professor Lippmann doppelt genoß. An einer Stelle waren die Dielen so morsch, daß man sie besser mied. Aber das Gefühl von Befreiung, Ruhe und Alleinsein war wundervoll.

Er war ihr besorgt mit den Blicken gefolgt. „Ist es nicht noch sehr viel schlimmer, als Sie es sich vorstellten?" fragte er. „Leider ist das aber alles, was ich Ihnen anbieten kann."

„Schlimmer? Aber keine Spur! Der Raum ist wundervoll. So viel Platz! Davon hätte ich nicht zu träumen gewagt", rief sie. „Und ist das Licht nicht himmlisch? Genau das richtige Licht zum Arbeiten. Es ist großartig hier." Sie klatschte begeistert in die Hände. „Dazu die Stille! Man könnte denken, man befände sich irgendwo auf dem Lande."

Tatsächlich, sie hatte recht. Das Licht fiel weich und still und ungebrochen durch das Oberlichtfenster, und das brutale Straßengewühl draußen, das unaufhörliche Getöse der Großstadt, ihr Lärm, waren ausgeschlossen und verstummt.

66

Er blickte sie besorgt an. „Natürlich ist es sehr schmutzig hier . . . ausgesprochen verdreckt, wohin man auch blickt. Aber ich habe zwei Putzfrauen bestellt, die morgen hier Ordnung machen", erklärte er. „Einige meiner Studenten werden Ihnen außerdem helfen, Ihre Sachen herzubringen – Ihre Unterlagen, die Metallproben und was Sie sonst so an Geräten brauchen."

Als sie hinausgingen, schloß er die Tür hinter sich ab und hielt ihr den Schlüssel einen Augenblick vor die Augen, ehe er ihn wieder in die Tasche steckte.

„Den kriegen Sie erst morgen, wenn wir das Schlimmste hinter uns haben."

Sie strahlte ihn an. „Am liebsten würde ich sofort mit der Arbeit beginnen."

„Das glaube ich Ihnen, aber daraus wird nichts. Ich kenne hier in der Nähe ein kleines Lokal. Dort trinken wir etwas und essen eine Kleinigkeit. Sie sind mein Gast. Diese Stunde muß gefeiert werden."

Es war ein kleines verräuchertes Ecklokal im Quartier Latin. Der Eingang lag im Kellergeschoß hinter einer Gitterpforte, zu der man ein paar Stufen hinabstieg. Hier, auf dem ehemaligen Hinterhof, drückte Curie auf einen Klingelknopf und wartete, bis sich die Kellertür öffnete. Der Wirt kam heran, spähte durch die Gitterstäbe und ließ den Besucher ein, sofern er ihn erkannte.

Das Innere des Lokals war jedem, der einmal an der Sorbonne studiert hatte, bekannt. Ursprünglich war es ein Mietshaus gewesen, und man hatte es kaum verändert. Ein enger Korridor führte durch das ganze Haus bis hin zur Küche. Den Gastraum hatte man durch die Verbindung von drei Zimmern geschaffen. Einige Studenten hatten es sich bereits bequem gemacht und tranken Wein. Die beiden wählten einen Tisch, und der Wirt rückte ihnen die Stühle heran.

„Sie haben sich lange nicht hier sehen lassen, Monsieur", sagte er. „Waren Sie verreist?"

„Viel Arbeit", sagte Curie. „Können wir etwas zum Aufwärmen bekommen? Wir haben etwas zu feiern."

„Aber natürlich", versicherte der Wirt. „Alles, was Sie wollen."

„Wir haben heute ein Labor für Mademoiselle Sklodowska gefunden. Ich denke, wir nehmen zwei Calvados –"

„– für mich bitte einen Tee", warf Marie ein. Sie hatte noch nichts gegessen. „Besser nur einen Tee."

Curie lächelte. „Also dann zwei Calvados, zwei Tee und eine Kleinigkeit zum Essen. Die Auswahl überlasse ich Ihnen."

Der Wirt verschwand, und Marie hörte ihn in rasend schnellem Französisch die Bestellung aufgeben. Ein Kellner brachte den Apfelschnaps auf einem Tablett. Sie stießen an, und Curie sagte: „Auf Ihr Wohl, Mademoiselle." Er schwieg einen Augenblick, sah sie an und fuhr dann fort. „Auf Ihren Erfolg – einen richtigen Erfolg, wie Sie ihn sich wünschen – auf den ganz großen Erfolg."

Sie tranken; aber eigentlich war sie schon berauscht – berauscht von überschwenglichem Zielbewußtsein und unwiderstehlicher Kraft. Das Labor war ein unerwartetes Glücksgeschenk und gab ihr das Gefühl, daß heute ihr Leben erst richtig beginne. Sie beugte sich über den Tisch. „Sie glauben gar nicht, wie dankbar ich Ihnen bin. Ja, ich denke schon, daß ich es schaffen werde."

Sie aßen sich durch die bestellten Speisen, und tranken noch eine Karaffe Wein. Der Wein war billig und gut. Marie sah mehrere Male von ihrem Teller direkt in die Augen Curies, der sie nicht aus dem Blick ließ.

„Ist es sehr unbescheiden, wenn ich Sie nach Ihren weiteren Plänen frage?" sagte er schließlich.

„Wie? Ach so . . . Das kann ich noch nicht sagen." Marie errötete leicht. „Über die Sommermonate werde ich in jedem Falle nach Hause fahren, nach Warschau. Man erwartet mich dort, und ich habe es versprochen."

„Leben Ihre Eltern noch?"

„Nur mein Vater, und er hängt sehr an den Kindern. Eine Schwester ist Ärztin hier in Paris. Ich habe in den ersten Monaten bei ihr gewohnt, doch dann wurde es mir zu laut und unruhig, und so zog ich aus. Außerdem lag die Wohnung fast eine Stunde Busfahrt von der Universität entfernt. Die zwei Stunden täglich fehlten mir am Studium."

„Ich verstehe. Und was werden Sie später einmal machen? Ich meine, wollen Sie in der Forschung bleiben?"

„Kaum. Ich denke, ich werde Lehrerin für Physik und Mathematik an einem Warschauer Mädchengymnasium. So ist es seit langem in der Familie abgesprochen."

Er nickte langsam. „Ich verstehe."

„Wenn ich es richtig in Erinnerung habe, arbeiteten Sie einige Zeit in dem Labor, das Sie mir jetzt zur Verfügung stellen, nicht wahr?" fragte sie.

„Ja", bestätigte er. „Eigentlich waren es mehrere Arbeiten, einmal die Phänomene der Kristallbildung. Ich suchte dabei die Gesetze zu finden, die ihrer Entwicklung zugrunde liegen. Dann eine zweite Arbeit: ‚Über die Symmetrie in den physikalischen Erscheinungen', gemeint ist die Symmetrie elektrischer und magnetischer Felder."

„Oh!" machte sie. „Das hört sich interessant an."

„Meinen Sie?" Curies Augen blitzten belustigt auf. „Ich möchte wetten, daß Sie die einzige Frau in ganz Paris sind, die so etwas interessant findet."

„Das dürfen Sie aber nicht sagen."

Und ehe er sich's versah, hatte sie ihn in ein Fachgespräch verwickelt, wie er es seit langem nicht mehr geführt hatte. Dabei drängte sie nicht, sie suchte auch nicht ihr Wissen vor ihm auszubreiten, aber ihre Fragen und gelegentlichen Einwürfe zeigten, daß sie ihn sehr wohl verstand. Wahrscheinlich hätte sie sogar sehr viel mehr sagen können, als sie es tat.

Curies Augen funkelten. „Wissen Sie, daß ich eigentlich gar nicht kommen wollte, als Professor Kowalski mich einlud?" fragte er. „Eine Physikerin, die wissenschaftlich arbeitet, eine Fremde noch dazu, und eine, die ein Anliegen hat . . . Das fand ich nicht sehr ermutigend. Aber jetzt bin ich froh, daß ich mich überreden ließ."

„Na, na, na", machte sie. „Das klingt mir aber sehr nach Schmeichelei."

„Aber gar nicht", sagte er ernst und nippte an dem Wein. „Wenn ich offen sein darf, ich habe nie viel von törichtem Geschwätz gehalten, besonders wenn es von Leuten kommt, die nur darauf aus sind, anderen zu gefallen, und ihre Meinung ständig anpassen . . ." Er hob den Kopf und blickte sie an. „Sind Sie sicher, daß Sie Mitte des Jahres endgültig nach Polen gehen werden?"

„Ich denke schon. Ja, das ist ziemlich sicher."

„Und Sie sehen keine Möglichkeit für ein Verbleiben in Paris?" fragte er ernst.

Sie schüttelte den Kopf. „Nein. Ich wüßte nicht, wie sich das machen ließe." Sie biß sich auf die Unterlippe mit einem wehmütigen, leisen Lächeln. „Das heißt, ich würde schon gerne für einige Zeit nach Paris zurückkommen. Aber ich sehe keine Möglichkeit, jedenfalls im Augenblick nicht."

„Ist es das Geld?"

„Ja", sagte sie ganz still. „In erster Linie ist es das Geld. Doch das ist es nicht allein."

„Verzeihen Sie. Ich weiß natürlich, daß mich das gar nichts angeht. Aber was kommt noch hinzu?"

Sie blickte ihm in die Augen. „Wir Polen haben, solange wir unter russischer Herrschaft leben, nicht das Recht, unser Land zu verlassen."

Er schüttelte den Kopf. „Das verstehe ich nicht. Sie sind doch Wissenschaftlerin. Da gelten andere Gesetze. Ich will gar keine großen Worte machen, aber als Wissenschaftlerin dienen Sie dem Fortschritt der Menschheit, auch wenn der Beitrag vielleicht bescheiden ist. Was Ihnen hier in Paris möglich ist, werden Sie in Warschau zur Zeit nicht können. Das geben Sie selbst zu."

70

Mit gesenktem Kopf, leise, tonlos, berichtete sie von ihrer Kindheit, dazu von Erlebnissen ihrer Verwandten und Freunde. „Sie sind in einem freien Land aufgewachsen", schloß sie. „Darum ist auch das meiste unvorstellbar für Sie – die kleinlichen Schikanen, die Zurücksetzungen, die Demütigungen ..." Sie suchte seine Augen. „Ich bin gern hier", sagte sie nach einer Weile. „Ich stelle es mir wunderbar vor, hier als Wissenschaftlerin zu arbeiten – so wie Sie. Einsicht in die Elemente der Dinge zu gewinnen wäre eine großartige Sache. Wir sind ja von einer solchen Fülle von Gesetzen umgeben, die wir nicht kennen, die nur darauf warten, gefunden zu werden ... Lieber Himmel, wenn ich dabei mithelfen könnte, das wäre wunderbar."

Sie trafen sich fortan zwei- bis dreimal in der Woche, und sie stahlen sich diese Stunden von ihrer Arbeit, kostbare Stunden und Minuten, die sie sehnsüchtig erwarteten. Sie sahen sich mittags oder gingen am Spätnachmittag an der Seine spazieren. Sie trafen sich irgendwo an einer Straßenecke oder saßen nach Einbruch der Dunkelheit an einem der Marmortische eines kleinen Cafés. Aber beide litten wie die meisten jungen Menschen in einer Großstadt an dem, was sie sich am meisten wünschten, an einem Ort, an dem sie miteinander allein sein konnten. Es wurde immer unerträglicher, sich nur in Restaurants, vor einem Schaufenster oder in einer Toreinfahrt zu treffen. Da bat Pierre Curie Marie, sie in ihrem Zimmer besuchen zu dürfen, und sie gab ihm ihre Adresse.

So stieg er denn die steile, gewundene Treppe zum Dachgeschoß empor und stand auf einem kleinen Vorplatz vor einer Tür, die aus Brettern zusammengenagelt war und von außen mit einem Vorhängeschloß verschlossen werden konnte. Er klopfte, die Tür wurde geöffnet, und Marie stand vor ihm.

Das Zimmer wurde von einer kleinen Petroleumlampe erhellt. Er sah einen runden, eisernen Ofen, einen Tisch unter dem Fenster, ein Regal voller Bücher und einen großen Koffer. Eine Nische, hinter einem billigen Vorhang verborgen, diente offensichtlich als Kleiderschrank.

Sie wandte sich stolz zu ihm und sah ihn strahlend erwartungsvoll an, als wollte sie sagen: Also bitte! Was hab' ich gesagt? Ist es nicht zum Aushalten hier?

Er schwieg eine Weile, weil sich ihm beim Anblick dieser Armut das Herz zusammenzog. Wie konnte eine junge Frau hier leben!

„Gefällt es Ihnen?" fragte sie schließlich. „Es ist vielleicht nicht das Schloß von Versailles hier, aber ich fühle mich wohl."

Er nickte. Überall verbreitete sich diese Atmosphäre von Arbeit, Leben und menschlichem Verständnis. Sie schien ihre Kraft allein aus der ständigen Verbindung mit den Wissenschaften zu ziehen. Auf dem Tisch stand ein Glas mit weißen Margeriten, die sie am Tage zuvor zusammen gepflückt hatten, eingefaßt von einem Kranz von Lehrbüchern, die sie jetzt wegpackte.

Sie hatte Tee vorbereitet. Während sie ihn in die Gläser goß, sagte er: „Ich habe Ihnen etwas mitgebracht. Keine große Sache! Aber ich dachte, daß es Sie vielleicht interessieren würde. Das Thema kennen Sie bereits –"

„Ist es die Arbeit ,Über die Symmetrie in physikalischen Erscheinungen'?" rief sie überrascht. „Das ging aber rasch."

„Ja, sie wurde inzwischen gedruckt." Er hatte ein Exemplar aus der Aktentasche gezogen. „Es ist für Sie", sagte er ruhig.

Sie klatschte in die Hände. „Da freue ich mich wirklich. Das ist ja wunderbar." Sie schlug die erste Seite auf und fand die Widmung „Für Mademoiselle Marie Sklodowska in Hochachtung und Freundschaft, vom Autor, P. Curie".

Sie war verstummt, während sie die Zeile las. Eine feine Röte, die allmählich stärker wurde, überzog ihr Gesicht. Plötzlich preßte sie die Hand auf die Augen, neigte

72

den Kopf und verblieb einen Augenblick starr im Banne einer mächtigen Gemütsbewegung. Gleich darauf streckte sie ihm die Hand entgegen und sagte leise: „Oh, das ist aber eine große Ehre für mich ... Ich kann gar nicht sagen, wie sehr ich mich darüber freue."

„Das ist schon in Ordnung", sagte er. „Vielleicht finden Sie einmal Gelegenheit, die Arbeit zu lesen."

„Da können Sie sicher sein. Das werde ich wirklich – und zwar schon bald", versicherte sie ihm.

Sie tranken Tee. „Schmeckt er Ihnen?" fragte sie.

„Stammt er aus Polen? Er ist so ganz anders als der Tee, den man in Paris bekommt."

„Meine Schwester hat ihn aus Warschau mitgebracht. Er erinnert mich an die Heimat", sagte sie ruhig. „Mir macht die Einsamkeit nicht viel aus ... Daran habe ich mich gewöhnt. Aber wenn ich wirklich zum Umfallen müde bin, auch enttäuscht, was ja nicht ausbleibt, dann hilft er mir. Er ist dann ein Stück Warschau."

„Sie fahren in sechs Wochen, nehme ich an. Ich hätte sehr gern, daß Sie meine Eltern kennenlernen", sagte er plötzlich. „Wir haben in Sceaux ein kleines Haus mit einem schönen Garten. Mein Vater ist Arzt dort. In Sceaux habe ich auch meine Kindheit und Jugend verbracht. Es gibt da viel Wald. Es war eine herrliche Zeit, die ich dort mit meinem Bruder Jacques verlebte. Mutter ließ uns viel Freiheit. Ich weiß noch, daß uns alle Jungen aus der Nachbarschaft darum beneideten."

„Was macht Ihr Bruder jetzt?"

„Er ist Physiker, genau wie ich, Professor an der Universität in Montpellier, also am anderen Ende Frankreichs. Er ist drei Jahre älter als ich. Wir haben einige Jahre zusammen gearbeitet. Dabei auch einiges entdeckt." Er verlor sich in wissenschaftlichen Einzelheiten über das Verhältnis zwischen Kristallen, Hitze und Elektrizität, dabei auch über ein Instrument, das sehr geringe Mengen von Elektrizität messen konnte: das Elektrometer, das sie beide gebaut und entwickelt hatten.

Marie erwärmte sich sichtbar. Ihre Bemerkungen und Fragen zeigten, wie sehr sie die Einzelheiten interessierten. Zwei Stunden vergingen, in denen kein persönliches Wort fiel, und doch spürten beide, wie sehr sie sich gerade über die Wissenschaft näherkamen.

Schließlich beugte er sich vor. Sein Gesicht war ernst geworden. Er wollte ihr seine Liebe gestehen, ihr sagen, daß er nicht mehr ohne sie leben könne. Doch alles, was er hervorbrachte, war: „Wenn Sie in Polen bleiben, werden Sie niemals Ihre Studien fortsetzen können. Sie sind keine Lehrerin, Sie sind für die Forschung geboren und haben nicht das Recht, die Wissenschaft aufzugeben."

Es entstand eine längere Pause. Er sah, wie sie die Hände, die leise zitterten, auf die Tischplatte preßte. Dann hob sie den Kopf und sagte: „Sie haben recht, ich möchte sehr gern Ihre Eltern kennenlernen und wiederkommen."

Als Marie dann im Sommer nach Polen abreiste, blieb alles in der Schwebe. Zwar spürte er, daß ihre Bindungen an die alte Heimat nicht mehr so eng waren wie noch einige Monate zuvor. Das alles entscheidende Versprechen hatte er jedoch nicht erhalten. Doch er gab nicht auf und begann aus der Entfernung für seine Liebe zu kämpfen. Wohin Marie in diesen Sommermonaten auch reiste, nach Warschau, nach Lemberg, nach Krakau, seine Briefe folgten ihr. Er schrieb ihr ohne jede Anrede, nur mit dem Datum. Er wußte, daß sie die Anrede mit Marie als übertriebene Vertraulichkeit nicht mochte, und da er das formelle „Mademoiselle" ablehnte, verzichtete er auf beides.

„Wir haben einander versprochen (oder ist das nicht wahr?), daß wir zumindest eine große Freundschaft füreinander bewahren werden", schrieb er ihr am 10. August 1894. „Daß Sie nur nicht anderen Sinnes werden! Kein Versprechen ist bindend, und dies sind ja Dinge, die man nicht befehlen kann. Und doch wäre es so wundervoll, aber ich wage es gar nicht zu hoffen, daß wir unser Leben dicht beieinander verbringen könnten, gebannt in unsere Träume: Ihr patriotischer Traum, unser humanitärer Traum und unser wissenschaftlicher Traum. Von all diesen Träumen, glaube ich, ist allein der letzte legitim ..."

Curie beendete seinen Brief mit dem Hinweis, daß er nach Freiburg zu den Kowalskis reisen wolle, die sie beide miteinander bekannt gemacht hätten, um Marie dort „zufällig" zu treffen. Ihre Antwort war unverbindlich. Schon vier Tage später schrieb er erneut und schlug ihr vor, einige Tage gemeinsam zu verbringen.

Seine Briefe wurden ständig dringlicher. Anfang September schrieb er ihr aus Marseille, schon in gelinder Panik, da er aus ihrem letzten Brief herauszulesen glaubte, sie wolle nicht nach Paris zurückkehren. Er erzählte ihr darin, daß er mit seinem Bruder Jacques eine Reise durch die Auvergne gemacht habe. Bei dieser Gelegenheit hatte er dem Bruder auch eine Fotografie Maries gezeigt, der dabei ein treffsicheres Urteil bewies: „Sie macht einen entschlossenen Eindruck", hatte Jacques gesagt, „geradezu eigensinnig."

Doch dann, am 7. September, erhielt Pierre Curie die erlösende Nachricht: Sie hatte sich entschieden, nach Paris zurückzukehren. Er war entzückt, ja begeistert und schrieb ihr, sie könne leicht die Stelle an einem Mädchengymnasium erhalten, wenn sie nur die französische Staatsbürgerschaft annehme.

Als sie dann im Oktober in Paris eintraf, bezog sie ein Zimmer bei ihrer Schwester Bronia, die in die Rue de Châteaudun umgezogen war und dort mit ihrem Mann eine Praxis betrieb. Sie nahm in einem Laboratorium der Sorbonne ihre Arbeit in der experimentellen Physik wieder auf.

Curies Werben wurde von Woche zu Woche dringlicher. Eines Abends überraschte er Marie mit dem Vorschlag, er würde seine Arbeit in Paris aufgeben, um ihr nach Warschau zu folgen. Könnte sie ihn unter diesen

Umständen heiraten? Zunächst wolle er den Lebensunterhalt mit Französischstunden sichern, später dann, soweit sich das einrichten ließe, wieder wissenschaftlich arbeiten.

Doch Maries Unentschlossenheit dauerte an. Sie gestand Bronia ihr angstvolles Zaudern. Sie fühle sich nicht imstande, ein solches Opfer anzunehmen; andererseits wisse sie noch immer nicht, was sie tun solle. Aber der Beweis seiner tiefen Liebe rühre sie auf.

Als Pierre Curie erfuhr, daß Marie mit der Schwester über ihn gesprochen hatte, lud er die Dluskis nach Sceaux zu seinen Eltern ein, um sie für die Heirat zu gewinnen. Selbst die Mutter schaltete er in die Werbung ein. Sie nahm Bronia beiseite. „Ihre Schwester soll nicht zögern", sagte die alte Frau. „Sie wird mit niemandem so glücklich sein wie mit Pierre."

Bronia, stets selbstsicher und von raschen Entschlüssen, ließ sich überzeugen. Doch es dauerte noch immer zehn Monate, ehe auch Marie der Heirat zustimmte.


# Die Entscheidung


Am 26. Juli 1895 verließ Marie Sklodowska mit Pierre Curie bei herrlichem Sommerwetter das Mansardenzimmer in der Rue de Châteaudun, zu dem sie nicht mehr zurückkehren würde. Sie trug ein neues Kleid, ein dunkelbraunes Jackenkleid, das man ihr geschenkt hatte, dazu eine hellblau gestreifte Bluse. Pierre Curie hatte sie abgeholt. Nebeneinander schritten sie zur Bushaltestelle.

Als Pierre nach ihrer Hand griff, zog Marie sie instinktiv zurück.

„Aber, Marie, was ist denn?" fragte er überrascht und faßte erneut nach ihrer Hand. „Zitterst du?" Bittend hielt er sie fest. „So hör doch!" flüsterte er zärtlich. „Du brauchst dich nicht um die Leute zu kümmern. In zwei Stunden sind wir verheiratet ... Ist das nicht herrlich?" Er legte seinen Arm um ihre Schulter, ohne auf die Passanten zu achten.

„Pierre, siehst du denn nicht, wie die Augen der Leute auffunkeln?" flüsterte sie. „Wir sind nicht mehr siebzehn."

„Ebendarum. Wir haben eine Menge Zeit verloren!" Er lachte; er fühlte sich als König des Lebens, als Herrscher der Erde. Er war unter den Lebenden der einzige, der mit sechsunddreißig Jahren eine Frau für sich gewonnen hatte, die er für ein Genie hielt, die noch dazu schön war und um die er lange hatte kämpfen müssen. Stadt und Sonne, Licht und Menschengewimmel, Wein und goldenes Singen in der Luft, alles war eigens für seine Liebe geschaffen.

Die Feier fand im Hause seiner Eltern in Sceaux statt – ohne Ehering, ohne Hochzeitsmahl. Nur die engsten Familienangehörigen nahmen an der schlichten Zeremonie auf dem Standesamt teil – Maries Vater war mit der Schwester Hela aus Warschau gekommen, die Dluskis, Pierres Eltern, in deren Haus man sich nach der Trauung wieder traf, dazu ein paar Universitätsfreunde. Es gab einige Flaschen Wein, dazu Champagner und belegte Brote.

Nach der Hochzeitsreise auf Fahrrädern, die man dem Paar geschenkt hatte, kehrten die beiden im Oktober nach Paris zurück und bezogen in der Rue de la Glacière eine Dreizimmerwohnung im vierten Stock eines Mietshauses. Sie verzichteten auf alle Möbel, deren Pflege Zeit kosten würde. Mittelpunkt des Wohnzimmers war ein Arbeitstisch, an dessen einem Ende Maries Stuhl stand; an der anderen Schmalseite fand Pierre Platz. Sitzgelegenheiten für Besucher gab es hier nicht. Zwischen ihnen und auf dem Fußboden stapelten sich Bücher zu Türmen.

Der Haushalt, so hatte Marie beschlossen, durfte nur wenig Zeit in Anspruch nehmen. Sie kochte Gerichte, die kaum Vorbereitungen erforderten. Einige hatte sie in den Monaten vor ihrer Hochzeit bei Bronia gelernt. Drei Stunden täglich waren für den Haushalt eingeplant, acht Stunden widmete sie den wissenschaftlichen Versuchen in der Schule ihres Mannes. Die Abendstunden gehörten dem Studium.

So vergingen die Monate. Das Geld, das Pierre verdiente, fünfhundert Franc monatlich, entsprach dem Lohn eines Arbeiters. Überdies hatte er eingewilligt, als technischer Berater einer optischen Firma in Paris zu arbeiten. Dafür erhielt er eine Vergütung von hundert Francs im Monat. Außerdem standen ihm zwanzig Prozent Beteiligung aus der Verwertung einer fotografischen Linse zu, die er entworfen hatte.

Doch diese Summen waren zu gering, um den Lebensstandard des jungen Paares wesentlich zu verbessern. Für die bescheidenen Ansprüche der beiden reichten sie jedoch aus. Mit großer Sorgfalt bereitete er seine Kurse an der Hochschule für Physik und Chemie vor. Sie half ihm dabei, wann immer es ihre Zeit erlaubte, und merkte mit Überraschung, daß sie viel von seinen theoretischen und praktischen Kenntnissen lernen konnte. Sie schafften ihr ein solides Fundament für ihren eigenen Forschungsauftrag, den sie gerade übernommen hatte. Es handelte sich um eine Studie über die magnetischen Eigenschaften von Stahl bei verschiedenen Temperaturen. Es war die zweite Auftragsarbeit der Industrie. Doch das Honorar war auch hier bescheiden.

Um die Jahreswende 1896/97 stellte sie fest, daß sie ein Kind erwartete.

„Was wirst du jetzt tun?" fragte er.

„Was soll ich schon tun?" sagte sie. „Weitermachen."

„Aber es geht dir nicht gut. Ich beobachte das schon seit Wochen. Immer wieder diese Übelkeitsanfälle."

Sie lächelte ihn plötzlich an. „Aber das haben andere Frauen auch, wenn sie ein Baby erwarten."

„Vielleicht." Er schüttelte den Kopf. „Auf jeden Fall solltest du dich mehr schonen. Morgens den Haushalt, dann täglich acht bis zehn Stunden Arbeit im Labor und wieder Haushalt, dann dein Studium meist bis tief in die Nacht . . . Ich weiß nicht, ob das richtig ist."

„Die Übelkeitsanfälle haben nichts mit meiner Arbeit zu tun", sagte sie entschieden. „Da bin ich mir ganz sicher. Glaub mir, auch wenn ich nur müßig zu Hause herumsäße, wäre mir schlecht. Ich kenne mich."

Die Beschwerden wollten nicht verschwinden, ja, sie verstärkten sich noch in den nächsten Monaten. Doch sie gab nicht auf. Mit eiserner Energie trieb sie ihre Studie voran. Die Blätter stapelten sich auf ihrem Tisch. Marie Curie zeigte, daß sie ebenso fähig war wie ihre männlichen Kollegen, feinste Details zu beobachten und sorgfältig zu formulieren.

„Das ist wirklich eine ausgezeichnete Arbeit", lobte Pierre.

Sie dankte ihm mit einem Lächeln. „Wenn nichts sonst, dann habe ich mich zumindest in der Art und Weise geübt, wie man physikalisch-chemische Probleme angeht."

„Das ist richtig. Aber heißt das, daß du in der Forschung weitermachen willst?"

„Warum nicht? Wenn erst das Kind da ist, habe ich wieder Zeit dazu."

Am 12. September 1897 brachte sie eine Tochter zur Welt, die den Namen Irène erhielt.

Der Gedanke, zwischen Familienleben und wissenschaftlicher Arbeit wählen zu müssen, kam Marie Curie niemals. Man nahm ein Dienstmädchen, und während sie ihre Studie über die Eigenschaften der Stahle für den Druck vorbereitete, sah sie sich bereits nach einem Thema für eine Doktorarbeit um, obwohl ihre Gesundheit seit der Schwangerschaft schwer erschüttert war. Haushalt, Mann, Kind, Arbeit, das schaffte Probleme. Sie wußte, daß eine immense Energieleistung auf sie wartete, wenn sie bei ihrem Vorhaben blieb. Sie war ohne Vorgängerin. Noch keine Frau, auch nicht außerhalb Frankreichs, hatte ihre Promotion in Physik oder Chemie abschließen können. Doch das vermochte sie nicht zu schrecken. Sie würde promovieren! Die Entscheidung stand außer Frage. Was sie brauchte, war ein Thema.

Und dieses Thema, das sie dann wählte, sollte sich später als die wichtigste Entscheidung ihres wissenschaftlichen Lebens erweisen. Darüber hinaus sollte es auch ihr Privatleben und das ihres Mannes wie das ihrer Tochter bestimmen.

Nacht für Nacht saß sie an dem langen Tisch im Wohnzimmer und studierte die wissenschaftlichen Zeitschriften aus Frankreich, Deutschland und England. Da war der Fünfseitenbericht eines deutschen Physikers namens Röntgen unter dem Titel „Über eine neue Art von Strahlen". Sie hatte ihn mehrmals gelesen.

„Was hältst du davon?" fragte sie ihren Mann.

„Eine fundamentale Entdeckung! Die Folgen sind auch heute, nach zwei Jahren, noch nicht abzusehen", sagte er. „Hier ist echtes Neuland. Die Physiker wie auch die Mediziner stehen gerade erst am Beginn der Auswertung."

„Ich weiß", sagte sie und sah ihn einen Augenblick verdutzt an, dann verstand sie seinen leisen Hinweis. „Nein, ich fürchte, das ist nichts für mich."

„Und warum nicht? Du solltest es dir zumindest gründlich überlegen."

„Das habe ich." Sie blätterte in dem Dokument Röntgens. „Um hier weiterzuarbeiten, habe ich zu wenige Hilfsmittel. Nein, das geht nicht." Da er nicht antwortete, fuhr sie nach einer halben Minute fort: „Was glaubst du, wie viele sich in den letzten Monaten auf die X-Strahlen gestürzt haben! Vor allem in Amerika – Leute mit unbegrenzten Geldmitteln. Aber auch die Assistenten von Röntgen selbst. Dann auch in England. Nein, nein, da kann ich nicht mithalten. Es ist aussichtslos. Ich habe mir das wieder und wieder überlegt."

Er nickte langsam. „Wahrscheinlich hast du recht."

„Aber da ist etwas anderes, das mir verheißungsvoller erscheint. Die Entdeckung ist jüngeren Datums. Ich denke da an die Beobachtungen –"

„– die Thompson und Becquerel machten", unterbrach er sie lächelnd. „Ist es nicht so?"

„Ja", sagte sie ernst. „Das ist ein Feld, das noch einiges hergibt. Wie du weißt, hatte Thompson in seinem Londoner Labor eine kleine Menge Urannitrat auf eine Fotoplatte gelegt, die durch einen dicken Aluminiummantel vor dem direkten Sonnenlicht geschützt war, und das Ganze auf dem Fensterbrett abgestellt. Nach ein paar Stunden entwickelte er die Platte und entdeckte, daß sie an der Stelle, an der das Uransalz gelegen hatte, geschwärzt war. Er staunte nicht wenig. Wie hatte das Uran die Platte trotz des dicken Aluminiumschutzes beeinflussen können? Ihm war klar, daß es sich hier um eine bedeutsame Entdeckung handelte, und er unterrichtete sofort den Präsidenten der Royal Society."

„Ich weiß", sagte Pierre. „Doch Thompson kam zu spät. Du bist bemerkenswert gut unterrichtet. Man könnte denken, du hättest das auswendig gelernt."

„Nicht nötig", wehrte sie ab. „Was einen interessiert, behält man auch."

„Ja, Henri Becquerel war ihm zuvorgekommen. Du findest seinen Bericht in den Comptes rendus, Seite 420."

„Ich weiß, ich kenne ihn. Aber ist das nicht die Höhe!" entrüstete sie sich. „Da kommen zwei Wissenschaftler ganz unabhängig zu den gleichen Ergebnissen, und der schnellere macht das Rennen! Ihm gebührt aller Ruhm, und der andere ist vergessen."

Pierre Curie lächelte. „Vergessen ist er nicht gerade. Er hat immer noch die Chance, als der große Pechvogel in die Geschichte der Physik einzugehen, und das ist besser als gar nichts."

„Aber ist das gerecht, frage ich dich?"

„Vielleicht nicht ganz gerecht", gestand er. „Aber kennst du einen anderen Maßstab, nach dem man Leistungen beurteilen soll, die sonst völlig gleichwertig sind?"

„Jedenfalls gab Thompson auf. Er verlor alles Interesse an seiner Entdeckung."

„Becquerel aber machte weiter, wie du weißt."

„Wahrscheinlich hätte ich wie Thompson gehandelt."

Er lächelte sie plötzlich an. „Du hättest nicht aufgegeben. Das glaube ich nie und nimmer. Du könntest das gar nicht." Er schüttelte den Kopf. „Du nicht! Zumal du dir, ähnlich wie Becquerel, gesagt hättest, da ist noch mehr zu machen."

„Kennst du Monsieur Becquerel persönlich?"

„Selbstverständlich. Er ist Ende Vierzig, in Paris geboren. Schon Vater und Großvater waren bekannte Physiker. Er ist Professor am Musée d'histoire naturelle und an der Polytechnischen Hochschule. Ein ungewöhnlich begabter Physiker. Wie Thompson hatte er ursprünglich geglaubt, durch die Wirkung des Sonnenlichts auf die Uransalzkristalle sei die fotografische Platte geschwärzt worden. Aber er erkannte seinen Irrtum rasch. Bald merkte er auch, daß diese Strahlen ganz anderer Art sind als Röntgens X-Strahlen. Während Röntgen die X-Strahlen künstlich durch Anregung von Materie erzeugt hatte, fand Becquerel eine natürliche Strahlungsquelle, die ohne menschliche Einwirkung Strahlen ausschickt, nämlich die Salze des Schwermetalls Uran."

„Ich weiß", sagte sie. „Und Glück hatte er auch noch. Schon am nächsten Tag war die Sitzung der Akademie der Wissenschaften. Dort konnte er mit einer Verspätung von nur einem Tag seine Entdeckung bekanntmachen und seinen Ruhm begründen."

„Wer will ihm das verübeln? Hundert Wissenschaftler überall auf der Welt hätten sicher ganz ähnlich gehandelt. Das kannst du ihm nicht ankreiden."

„Tue ich auch gar nicht. Ich stelle nur fest, wie bei einigen das Glück mithilft."

„Aber Glück gehört immer auch dazu, zumindest ein bißchen. Das wirst du noch merken", sagte er leise.

Es blieb eine Weile still zwischen ihnen. Die Bodenstanduhr im Nachbarzimmer schlug schwer die volle Stunde: zwei Uhr morgens. Mit einem sonderbaren Ausdruck blickte sie an ihm vorbei ins Leere.

„Was ist?" fragte er beunruhigt. „Woran denkst du?"

Sie antwortete nicht.

„Kann ich dir irgendwie helfen? . . . So sag doch etwas."

Sie schwieg noch immer; nur ihre Augen schienen von einer weiten Reise zurückzukehren. Es war wieder so still in dem Zimmer, daß er das leise Zischen des Gaslichtes hörte. Plötzlich beugte sie sich vor und packte ihn an den Handgelenken. Der Bücherstapel vor ihr geriet ins Rutschen. Ein Buch fiel zu Boden.

„Ich möchte auf diesem Gebiet arbeiten", sagte sie leise, aber mit einer unverkennbaren Überzeugtheit in der Stimme. „Was Professor Henri Becquerel gefunden hat, kann nicht das Ende sein . . . Es gibt noch eine Fülle ungelöster Fragen. Da bin ich mir ganz sicher . . . Glaub mir, er hat zwar eine Tür ins Unbekannte aufgestoßen, aber auch nicht mehr. Keiner weiß heute, was da noch alles zu finden ist."

Er schwieg; aber seine Augen funkelten belustigt auf. „Und du willst das herausbringen? . . . Keine leichte Sache! Aber ich bin sicher, daß du das selbst weißt."

„Becquerel hat gezeigt, daß Uransalze, selbst wenn sie wochenlang in geschlossenen Schubladen liegen, noch immer fähig sind, Fotoplatten zu beeinflussen – also Strahlen ausschicken. Die Frage ist nur: Woher nehmen diese Uransalze die Energie dazu? Von außen kann sie ja nicht kommen."

Er zögerte. „Verzeih, wenn es aussieht, als wollte ich deine Begeisterung dämpfen. Aber es wird wahrscheinlich Jahre dauern, ehe du die Ursachen findest", wandte er ein. „Und man braucht kein Prophet zu sein, um zu erkennen, daß diese Arbeit unser aller Leben verändern wird."

„Pierre, Pierre!" flüsterte sie besessen. „Ich tu's! Ich tu's wirklich . . . Und du wirst mir helfen, wenn ich Hilfe brauche . . . Versprichst du's? Versprichst du es mir?"

## Die Entdeckung des Radiums

Nur wenige Tage später stattete Pierre Curie in Begleitung seiner Frau dem Direktor der Hochschule für Physik und Chemie in Paris einen Besuch ab. Beide hatten sich angemeldet, und Professor Schützenberger empfing sie in seinem Büro. Er galt als erfolgreicher und bei seinen Mitarbeitern als warmherziger Mann. Sie nannten ihn „Papa Schütz".

„Bitte nehmen Sie doch Platz!" Er deutete auf zwei Stühle vor seinem Schreibtisch. „Endlich lerne ich auch einmal die Frau kennen, von deren Schönheit, Fleiß und Intelligenz meine Mitarbeiter schwärmen. Und ich darf sagen, die jungen Leute haben nicht übertrieben. – Was kann ich für Sie tun, Doktor Curie?"

„Tatsächlich komme ich wegen meiner Frau." Curie räusperte sich. „Ich will nicht viele Worte machen. Wir suchen ein Labor."

Schützenberger beugte sich ein wenig vor und blickte Marie ins Gesicht. „Sie wollen wissenschaftlich arbeiten? Verstehe ich das recht? Was sagt denn Ihre kleine Tochter dazu?" In seiner Stimme schwang ein Unterton von Humor.

„Im Augenblick sagt sie noch nichts", antwortete Marie, „einfach weil sie noch nicht sprechen kann."

„Das ist einleuchtend."

„Mein Vater betreut sie, zusammen mit einem Hausmädchen", warf Curie ein. „Und er tut es mit all der Liebe, die ein Großvater nur aufbringen kann. Meine Frau möchte promovieren und hier ihre Doktorarbeit machen. Sie will die Arbeit Becquerels fortsetzen."

„Fortsetzen? . . . Nun, das wird nicht einfach sein. Becquerel hat ja die Lust an seiner eigenen Entdeckung mehr oder weniger verloren, soviel ich weiß. Ein interessantes Thema, zweifellos. Aber das wird eine Menge Arbeit machen. Viel Glück dazu!"

Curie lächelte. „Das wird sie brauchen können."

„Also ein Labor wollen Sie?" wandte Schützenberger sich an Marie. „Wenn ich nur wüßte . . . – aber hören Sie mal, da ist doch das Labor mit dem Glasdach! ‚Labor' ist natürlich geschmeichelt. Wir haben dort seit Jahren Geräte und Gerümpel aller Art abgestellt. Doktor Curie, Sie kennen es. Wäre das nicht etwas? Wenn Ihre Frau damit einverstanden ist, bin ich es auch. Vielleicht läßt sich dort etwas einrichten. Geben Sie mir irgendwann in den nächsten Tagen Bescheid. Aber ich muß zurück zu meinen Apparaten."

Er schritt davon, offensichtlich schon mit anderen Problemen beschäftigt, den Rücken gebeugt, die Hände in den Taschen seines weißen Kittels.

Pierre Curie, der seit fünfzehn Jahren in der Hochschule arbeitete, kannte hier jeden Winkel. Sie schritten einen langen Flur entlang, und er drückte gegen eine Tür, die nur angelehnt war. Verwundert blieb Marie stehen. Der Raum empfing sein Licht durch eine Glasdecke. Die quadratischen Scheiben waren schmutzig. Auf den Metalleinfassungen saß der Rost, Sprünge zeigten sich im Glas, einzelne Ecken fehlten. Der Raum diente zum Abstellen von Apparaten jeder Art. Aus den Wänden hingen elektrische Kabel und Drähte herab. Ein großer Tisch stand in der Mitte, auch er mit Instrumenten belegt, die alle irgendwelche Schäden aufwiesen.

„Der Raum ist wahrscheinlich noch schlimmer als dein letzter", sagte er entschuldigend. „Aber nachdem du den einigermaßen in Ordnung gebracht hattest, hat ihn jetzt ein anderer bezogen, den wir nicht rauswerfen können."

Sie schritt einmal kurz auf und ab. „Schade, daß man nicht aufs Dach kann, um die Scheiben zu putzen. Ich wette mit dir, der Raum wäre doppelt so hell."

„Hier hilft nur der Regen", sagte er. „Aber ich weiß nicht, ob du dir den wünschen solltest. Dann mußt du dir nämlich einen Regenschirm aufspannen; außerdem rinnt und tröpfelt es, wohin du auch gehst."

„Keine Sorge, ich komme schon zurecht", sagte sie entschlossen, das harte gespannte Lächeln um die Lippen, das er so gut kannte.

„Wann willst du anfangen?" fragte er.

Wieder lächelte sie. „Jetzt! Sofort! Ich werde zunächst einmal aufräumen und die Apparate, die ich bestimmt nicht brauchen werde, in die dunkelsten Ecken schaffen."

„Gut, du kriegst wieder zwei Studenten, die dir helfen."

Sie erkannte rasch, daß der Raum zwei große Nachteile besaß, schlimmer noch als Schmutz und Enge: Feuchtigkeit und Temperaturschwankungen. Sie bedeuteten für sie eine ernsthafte Behinderung. Die Präzisionsinstrumente, die sie nun einmal brauchte, waren sehr anfällig. Doch damit mußte sie leben, und sie würde wegen dieser Schwierigkeiten nicht aufgeben.

Mit Selbstvertrauen und einer nie gekannten Sicherheit begann sie die Arbeiten. Nichts sonst interessierte sie. Der Spott, der Klatsch, die kleinlichen Intrigen, wie sie nun einmal an einem so großen Institut üblich waren, ließen sie gleichgültig. Sie arbeitete täglich acht und oft auch zehn Stunden mit äußerster Konzentration.

Als erstes Ziel setzte sie sich die Messung der Ionisationsfähigkeit der Luft bei Uranstrahlen. Becquerel hatte nachgewiesen, daß Uranstrahlen wie auch die Röntgenstrahlen bewirken, daß die Luft Elektrizität leitet. Sie wollte nun diese winzigen von der Luft geleiteten Mengen von Elektrizität messen. Das gelang ihr innerhalb weniger Wochen mit dem von Pierre und Jacques Curie erfundenen Elektrometer.

Nun ging sie daran, nach anderen Substanzen zu suchen, die wie das Uran die Luft zu einem Leiter von Elektrizität machen können.

Von den Bekannten und Kollegen ihres Mannes aus der Hochschule für Chemie und Physik erbettelte sie sich so viele Proben von Metallen, Metallverbindungen und Mineralien, wie sie bekommen konnte. Das Grundexperiment war einfach. Sie legte die jeweilige Substanz auf eine Metallplatte, der gegenüber sich eine weitere, einen Kondensator bildende Metallplatte befand. Nun gebrauchte sie ihr Elektrometer, um festzustellen, ob durch die Luft zwischen den Platten Strom floß. Auf diese Weise konnte sie rasch Dutzende von Stoffen mit jener Sorgfalt erproben, die ihr angeboren war.

In kurzer Zeit hatte sie auch die ersten Ergebnisse: Thorium und seine Verbindungen bewirken, daß die Luft Elektrizität leitet, und sie senden Strahlen aus, die, soweit sie es im Augenblick beurteilen konnte, von derselben Art waren, wie Becquerel sie am Uran beobachtet hatte.

Das war ein besonderer Erfolg – größer, als ihn ein Wissenschaftler nach wenigen Tagen erwarten durfte. Sofort begann Marie Curie mit einer weiteren systematischen Untersuchung und benutzte nun das Elektrometer, um die Stärke des Stroms zu messen, der von den verschiedenen Verbindungen von Uran und Thorium ausgesendet wird.

Sie fand heraus, daß die Aktivität der Uranverbindungen ausschließlich von der vorhandenen Menge an Uran abhing. Dabei spielte es keine Rolle, ob das Uransalz trocken oder feucht war, ob es in Klumpen oder pulverförmig gemessen wurde, noch welche anderen Elemente in dem Salz enthalten waren.

„Was hältst du davon?" fragte sie begierig ihren Mann. „Wie gefällt dir das?"

Er zögerte mit der Antwort. „Das ist sicher eine wichtige Erkenntnis – vielleicht sogar hochbedeutend", sagte er nachdenklich. „Aber noch läßt sich das nicht mit Sicherheit abschätzen."

Er sah die Begeisterung in ihren Augen, und obwohl er sie teilte, war er bestrebt, einer möglichen Enttäuschung vorzubeugen. Zu viele Entdeckungen, die Großes verhießen, hatten sich im nachhinein als Seifenblasen erwiesen.

„Wichtig erscheint mir auch, daß Uran durch keine äußeren Umstände zu beeinflussen ist", erklärte sie, „weder durch Beleuchtung, wie Becquerel anfangs vermutete, noch durch Temperaturunterschiede."

Eifrig ging sie im Labor auf und ab, fasziniert und schon ganz von neuen Plänen erfüllt. Er erkannte an ihrem Tonfall, an der besonderen Art ihrer Stimme, daß sie an nichts anderes als an die nächsten Schritte dachte und an die Arbeiten, die vor ihr lagen. Es veränderte sie vollkommen. Diese Art von Konzentration überstieg alles, was er bisher bei Frauen beobachtet hatte. Nur mit halber Aufmerksamkeit hörte er sie weitersprechen.

„Wir haben damit den Beweis, daß die Strahlung nicht die Auswirkung irgendeiner Interaktion zwischen den Molekülen ist, sondern einen anderen Ursprung haben muß. Die Strahlung entsteht nicht durch die Bildung neuer Moleküle, die sich zu neuen Gestalten umformen, wie in einer der üblichen chemischen Reaktionen, wo Energie, wie etwa Licht und Hitze, als Produkt einer solchen Reaktion abgegeben wird." Sie zögerte und suchte seine Augen. „Die Strahlungsenergie hat einen anderen Ursprung, da bin ich ganz sicher. Glaub mir, anders kann es nicht sein. Sie muß von den Atomen selbst ausgehen."

Sie beugte sich plötzlich vor und blickte ihn mit ihren blaßblauen Augen an, die sich geweitet hatten. „Pierre", flüsterte sie. „Pierre, weißt du, was das bedeutet?" fragte sie. „Sag mir, sind das Hirngespinste? ... Die Strahlung muß eine Eigenschaft des Atoms sein! Einen anderen Schluß gibt es nicht! Und dabei spielt es keine Rolle, welche Verbindung das Atom hat und wie es sich verhält."

Das alles hatte sie aufgeregt, fast atemlos hervorgesprudelt, wobei sich die Sensation deutlich in ihrem Gesicht spiegelte.

„So sieht es aus", sagte er langsam. „Und wenn du recht hast, läßt sich von deiner Entdeckung her die Atomstruktur endlich erhellen. Damit würdest du in der Naturwissenschaft Geschichte machen ... Nichts wäre dann mehr so, wie es einmal war –"

„O Liebster, du bist wundervoll!" rief sie in jäher Begeisterung. „Ich liebe dich!"

„Nicht ich bin wundervoll, sondern du", sagte er. „Doch ich muß dich warnen. Noch sind unsere Schlußfolgerungen nicht bis ins letzte bewiesen. Das weißt du. Sie erscheinen zwingend, aber bewiesen hast du sie nicht, und darauf wird es ankommen ... Aber sollten wir jetzt nicht aufbrechen? Irène wird schon warten und Vater auch."

Als sie hinausgingen, schloß sie die Tür hinter sich ab und hielt ihm den Schlüssel einen Augenblick spitzbübisch lächelnd vors Gesicht. „Siehst du ihn? Es ist der Schlüssel zum Erfolg."

Doch Marie Curie nahm sich nicht die Zeit, um irgendwelchen Träumen nachzuhängen. Für sie war die Wissenschaft ein lebendiges Universum, voll von atmendem Leben, von Arbeit und Hoffnung, von Enttäuschung und Erfolg. Hier gab es alles: Glanz und Elend, hohes Streben und Machenschaften aller Art.

In ihre Messungen der Leitfähigkeit von Luft aufgrund uranhaltiger Stoffe nahm sie auch zwei Uranminerale auf: Chalkolit und Pechblende. Dabei brachte das Elektrometer eine Überraschung. Es zeigte an, daß Chalkolit doppelt so aktiv und die Pechblende sogar viermal so aktiv wie das Uran selbst waren.

„Was sagst du dazu?" fragte sie ihren Mann. „Ist das nicht zum Schreien? Das stellt doch alles auf den Kopf."

„So sieht es aus." Einen Augenblick schwieg er, ohne seine Überraschung zu zeigen. „Würde ich dich nicht so gut kennen, würde ich sagen, daß du schlampig gearbeitet hast. Aber das gibt es bei dir nicht, wie ich weiß. Also muß das Ergebnis andere Ursachen haben."

„Ich wollte es auch nicht glauben. Darum habe ich die Experimente mehrere Male wiederholt und die Ergebnisse überprüft. Es gibt keinen Zweifel." Sie setzte ihre ernste, besorgte Berufsmiene auf. „Es liegt auch nicht an der Temperatur noch an der Feuchtigkeit, noch an irgendwelchen anderen Faktoren."

„Woran denkst du jetzt?" fragte er.

„Du hast in der Physik sehr viel mehr Erfahrungen als ich. Darum würde ich gern deine Meinung hören."

Er schüttelte den Kopf. „Du hast aber mehr Arbeit in diese Untersuchungen gesteckt als irgend jemand sonst auf der Welt. Darum rede du jetzt."

„Also, wenn du darauf bestehst . . . Ich bin davon überzeugt, daß die beiden Minerale geringe Mengen eines anderen Stoffes enthalten – eines unbekannten Stoffes, den bisher noch niemand kennt, weil er unentdeckt geblieben ist, der aber sehr viel aktiver ist als Uran."

Einen Augenblick saß er vollkommen still. Dann erhob er sich, ging in dem schmutzigen Labor mit langen Schritten auf und ab. Plötzlich wandte er sich um und sah seine Frau an, als sehe er sie zum erstenmal. Er musterte sie richtig der Länge nach; seine Augen leuchteten vor Begeisterung.

„So ist es", sagte er. „Wir haben es hier mit einem neuen, bisher unbekannten Element zu tun."

„Du hast recht", sagte sie. „Ich habe es zwar schon die ganze Zeit über vermutet, aber ich wollte es von dir bestätigt wissen . . . O Pierre, ist das nicht herrlich!" platzte sie plötzlich heraus. „Ein neues Element! Und es ist allein unser Element . . ."

Ihre Stimme war warm, zuneigungsvoll. Sie schob ihren Arm unter den seinen und nahm seine Hand in ihre Hände.

„Es tut mir zwar leid, daß ich immer wieder Vorbehalte anmelden muß. Doch du darfst nicht vergessen, noch ist uns diese Entdeckung nicht zugesprochen", warnte er. „Du mußt jetzt vor allem daran denken, daß dir niemand dein Erstlingsrecht streitig machen kann. Denke nur an Becquerel! Hätte er seine Entdeckung nicht binnen eines Tages der Akademie bekanntgemacht, wäre die Anerkennung nicht an ihn gegangen, dann wäre Thompson der Entdecker der Radioaktivität gewesen."

„Du meinst, ich sollte das der Akademie melden?" rief sie.

„Aber in jedem Fall! Die Sitzungen finden, wie du weißt, regelmäßig jeden Montag statt. Jeder Bericht, der ihr vorgelegt wird, wird innerhalb von zehn Tagen gedruckt und geht dann allen Physikalischen Gesellschaften auf der Welt zu."

„Aber wir sind beide keine Mitglieder", warf sie ein.

„Lippmann wird das für uns machen, da bin ich ganz sicher. Schließlich arbeite ich seit fünfzehn Jahren für ihn. Er kann uns das nicht abschlagen."

Tatsächlich wurde der Bericht am 12. April 1898 der Akademie durch Professor Gabriel Lippmann vorgelegt und zum üblichen Termin auch gedruckt.

Dennoch kam er zu spät. So wie Thompson durch Becquerel geschlagen worden war im Wettbewerb um die Erstveröffentlichung, mußten die Curies erkennen, daß ihnen ein Deutscher zuvorgekommen war. Der Physiker Gerhard Schmidt in Berlin hatte zwei Monate vor ihnen einen Bericht veröffentlicht, in dem er feststellte, daß Thorium in derselben Weise wie Uran Strahlen aussendet.

Tapfer kämpfte Marie Curie ihre Enttäuschung nieder. Immer wieder las sie den Bericht des deutschen Physikers.

„Ein guter Mann, dieser Schmidt", sagte sie schließlich. „Doch er bleibt auf halbem Wege stecken. Weißt du, was ich meine?"

„Gewiß", sagte Pierre. „Er zieht nicht die Schlußfolgerung aus seiner Entdeckung, wie du es tust. Mit keinem Wort deutet er an, daß möglicherweise ein neues Element dahinterstecken könnte. Außerdem sind ihm die Aktivitäten von Pechblende und Chalkolit entgangen, die wesentlich größer sind."

Eine Zeitlang sprach niemand. Pierre Curie saß unbeweglich auf seinem Stuhl im Arbeitszimmer und blickte durch das Fenster auf das nächtliche Paris.

„Weißt du", meinte er dann, „Enttäuschungen, wie wir sie hier erleben, bleiben keinem Wissenschaftler erspart. Die muß man eben hinnehmen. Sie sind so etwas wie Berufsrisiko."

„Aber du glaubst doch daran, daß mehr dahintersteckt?" Sie sah ihn an, während sie mit ihrer ganzen geschmeidigen Anmut vor ihm stand, ihr ernstes, leises Lächeln lächelnd.

„Ja, ganz ohne Zweifel", versicherte er. „Und ich werde es dir beweisen. Ich werde meine Arbeit an den Kristallen vorläufig aufgeben und dir helfen."

„O Pierre . . . Ich weiß nicht, was ich sagen soll, aber das ist wunderbar. Ganz, ganz wunderbar!" Sie hatte keine Worte für ihre Liebe und Dankbarkeit. „Glaub mir, das werde ich dir niemals vergessen."

Nun forschten beide nach der „hochaktiven Substanz" in der Pechblende. Im Rohzustand hatte sich dieses Uranmineral als viermal radioaktiver erwiesen als das reine Uranoxyd, das man aus ihm gewinnen kann. Die Zusammensetzung des Minerals war sehr genau bekannt, also konnte man das neue Element nur in außerordentlich geringen Mengen in ihm vermuten.

Sie lösten die zerstoßene Pechblende in einer Säure auf und trennten ihre Elemente mit den damals bekannten Standardtechniken der analytischen Chemie. Marie

Curie arbeitete jetzt als Chemikerin und brachte sich die Fertigkeiten für die sich endlos wiederholenden Tätigkeiten bei, die diese Art der Trennung erforderte.

Ihre Vermutung, daß die Pechblende die winzige Menge einer Substanz enthält, die eine weit höhere Aktivität als Uran besitzt, wuchs mit jedem Arbeitsgang. Zum Schluß wurde es deutlich, daß sie diesen Stoff von allen übrigen außer von einem einzigen Element trennen konnte – Bismut.

Die Notizen der beiden vom 6. Juni 1898 zeigen, daß Marie eine Lösung von Bismutnitrat nahm, die ihrer Überzeugung nach das neue Element enthielt, und Schwefelwasserstoff hinzugab. Dann sammelte sie sorgfältig den festen Stoff, der sich abgesetzt hatte, und beide maßen seine Aktivität. Marie hielt das Ergebnis schriftlich fest und unterstrich es: 150mal aktiver als Uran.

Noch am gleichen Tag füllte Pierre eine winzige Probe des Bismutsulfids, das sie gewonnen hatten, in eine Glasröhre und begann, sie allmählich zu erhitzen. Er sah, wie das Bismutsulfid in den heißeren Teilen der Röhre verblieb, während sich bei 250 bis 300 Grad ein feines Pulver am Glas absetzte. Er kratzte das schwarze Überbleibsel von der Röhre ab und maß seine Aktivität. Sie war 330mal größer als die des Urans.

Kein Zweifel war mehr möglich: Sie hatten ein neues Element entdeckt.

Das Tagebuch weist im Juli folgende Eintragung auf: „. . . wir sind der Meinung, daß die Substanz, die wir aus der Pechblende gewonnen haben, ein noch nicht beschriebenes Metall enthält, das durch seine analytischen Eigenschaften dem Bismut verwandt ist. Wenn das Vorhandensein des neuen Metalls sich bestätigen sollte, schlagen wir vor, es nach der Herkunft des einen von uns *Polonium* zu nennen . . .“

In diesem Bericht verwendeten die Curies auch zum erstenmal die Bezeichnung „radioaktiv“, um das Verhalten von uranähnlichen Stoffen zu beschreiben.

In jenen Wochen war Marie Curie überzeugt, Polonium werde ihre große Entdeckung sein. Aus diesem Grunde hatte sie ihm auch den Namen ihres Heimatlandes gegeben, einen Namen, den es offiziell gar nicht gab. Aber noch ehe die beiden die Forschungen drucken ließen, kamen sie zu der Vermutung, daß es neben dem Polonium noch ein anderes Element geben müsse, das sie bis jetzt nicht hatten finden können.

Die Notizen, die Marie Curie über Jahre mit äußerster Sorgfalt machte – eine Mischung aus physikalischen und privaten Tagesereignissen –, brechen im Juli 1898 ab. Der Grund liegt in einer längeren Ferienreise, die sie und ihr Mann mit den Fahrrädern unternahmen. Das war nichts Ungewöhnliches. Sie liebten beide das Landleben, die Stille und Einsamkeit. Und doch gab es diesmal noch einen anderen Grund: Eine unerklärliche Mattigkeit hatte sie befallen. Ihre Energien waren geschwunden. Sie ermüdeten rasch, kamen sich verbraucht und leer vor. Marie, die früher zehn und mehr Stunden arbeiten konnte, fühlte sich lustlos. Hinzu kam, daß ihre Fingerspitzen wund und rissig geworden waren, seit sie größere Mengen dieser rätselvollen Substanz anfaßte. Pierre klagte über Rückenschmerzen und vermutete Rheumatismus, den er sich in dem feuchten, zugigen Labor geholt habe.

Am 11. November nahmen beide ihre Arbeit wieder auf. Doch die Notizen wurden nicht mehr mit der sonst gewohnten Präzision geschrieben. Statt dessen faßte Marie Curie die Ergebnisse zusammen. Es fehlen sogar die Datierungen. Auch die entscheidende Schlußfolgerung, in der Pechblende müsse noch ein zweites neues Element sein, hielt sie in dem Tagebuch zunächst nicht fest.

Ihre Erwartungen wurden dann auf überraschende Weise bestätigt. Durch mehrfaches Lösen und Kondensieren kamen sie zu einem Stoff, dessen Radioaktivität neunhundertmal höher war als die von Uran.

„Einfach unglaublich", murmelte Pierre.

Sie beugte sich ein wenig vor. Mit ihrer eindringlichen Stimme gab sie langsam die entschiedene Erklärung ab: „Also, Pierre, das ist das Erstaunlichste – wirklich das Erstaunlichste, was in der modernen Physik geschehen ist . . ." Sie hatte kaum Worte für ihr Staunen. Sie sah ihn an, der ruhig und gefaßt vor ihr stand, sein ernstes, seltenes Lächeln lächelnd.

„Wirklich, Marie", sagte er. „Mit dieser Entdeckung stoßen wir die Theorien um, die seit Jahrhunderten für die Wissenschaftler grundlegend waren. Wie soll man die spontane Strahlung der radioaktiven Stoffe erklären? . . . Woher kommt sie?"

„Darüber sollen sich dann andere den Kopf zerbrechen", rief sie zwar lächelnd, aber sichtlich ungeduldig. „Wichtiger scheint mir die Frage: Wie beweisen wir der Fachwelt unser neues Element? Du weißt ja, ein Chemiker glaubt nur an die Existenz eines Stoffes, wenn er diesen Stoff gesehen, berührt, gewogen und untersucht hat, wenn er ihn in einem Behälter verwahren kann und sein Atomgewicht festgestellt hat."

„Daran ist vorläufig nicht zu denken", wandte er ein, aber dann hob er den Kopf. „Oder vielleicht doch –"

„Eugène Demarçay!" rief sie und nickte befriedigt. „Ist es nicht so? Meinst du, wir könnten ihn dafür gewinnen?"

„Aber sicher! Er ist einer der ganz wenigen selbstlosen Wissenschaftler, die ich kenne . . . Er wird es für uns tun", sagte er überzeugt. „Sein Spektroskop wird beweisen, daß wir recht haben. Außerdem hat er dir schon einmal mit Materialproben geholfen."

Eugène Demarçay war ein stiller Wissenschaftler, unauffällig auch im Äußeren bis auf eine schwarze Augenklappe. Bei einer Laborexplosion hatte er ein Auge verloren. Er war ein Mann der zweiten Reihe. Er selbst hatte keine herausragenden Leistungen vollbracht, dennoch war er auf seinem Spezialgebiet, der Spektralanalyse, der beste Mann in Paris und galt als unbedingt zuverlässig. Pierre Curie hatte ihn schon einmal bei der Entdeckung des Poloniums bemüht. Doch Demarçay hatte eine neue Spektrallinie nicht finden können.

Als nun Curie erneut bei ihm erschien, kam er ihm mit ausgestreckten Armen entgegen.

„Nun sagen Sie nur, Sie haben schon wieder ein Element entdeckt!" rief er und schüttelte Curie die Hand.

„Könnte sein. Das heißt, eigentlich meine Frau. Wir sind sogar ziemlich sicher. Aber wir hätten unsere Annahme gern von Ihnen bestätigt."

„Das glaube ich aufs Wort", erklärte Demarçay. Ein Anflug von grimmigem Humor schwang plötzlich in seiner Stimme. „Wer wünschte sich das nicht! ... Versprechen kann ich nichts, das wissen Sie. Aber ich werde mein möglichstes tun. – Übermorgen wissen Sie Bescheid."

Curie holte die winzige Probe aus seinem Mantel. Demarçay löste sie in gesäuertem Wasser und strich die Lösung auf Elektroden, durch die er einen elektrischen Funken leiten konnte. Es gelang ihm, das Funkenspektrum der Substanz zu fotografieren. Auf dieser Fotografie fand er eine Spektrallinie, die weder zu Barium noch zu irgendeinem anderen bekannten Stoff gehörte. Doch damit gab er sich nicht zufrieden. Jedesmal wenn die Curies den Stoff weiter gereinigt hatten, wurde die Spektrallinie intensiver.

Diese Untersuchungen dauerten einige Tage länger, als sie vorausgesehen hatten, und setzten Demarçay den gleichen Gefahren aus, wie sie auch die Curies ertragen mußten, ohne es zu wissen. Als Pierre Curie ihn wieder besuchte, fand er ihn erst nach einigem Suchen in einem anderen Raum.

„Was ist los?" fragte er überrascht. „Warum sind Sie umgezogen?"

Demarçay lachte. „Sie müssen ein wahrer Hexenmeister sein. Mit dem Zeug, das Sie mir da ständig bringen, haben Sie mein Labor so radioaktiv verseucht, daß mein Elektroskop nicht mehr zuverlässig arbeitete ... Ich mußte umziehen. Aber jetzt habe ich den sicheren Beweis, daß Sie tatsächlich ein neues Element entdeckt haben."

„Und es gibt keine Zweifel?"

„Aber nein", erklärte Demarçay. „Ein höllisches Zeug, was Sie da gefunden haben! Kommt mir vor, als könnte noch niemand die Folgen wirklich absehen", beteuerte er mit feierlichem Ernst.

Demarçays Gutachten lieferte jene letzte Sicherheit, die Marie und Pierre Curie dazu bewog, ihren Bericht an die Akademie der Wissenschaften zu schicken. Er erschien in den Veröffentlichungen vom 26. Dezember 1898 und kündigte das Vorhandensein eines zweiten bisher unbekannten Elements in der Pechblende an.

Wörtlich heißt es da: „. . . die verschiedenen Gründe, die wir eben aufgeführt haben, veranlassen uns zu glauben, daß die neue radioaktive Substanz ein neues Element enthält, dem wir den Namen *Radium* geben wollen. Die neue radioaktive Substanz enthält bestimmt einen sehr starken Anteil Barium. Trotzdem ist die Radioaktivität erheblich. Die Radioaktivität des *Radiums* muß also ungeheuer sein . . ."

Die Antwort der Wissenschaftler blieb verhalten. Niemand bezweifelte die Entdeckung der beiden Elemente. Doch die Menge der neuen Substanzen war zu gering, um Aufsehen zu erregen.

Eines Tages zu Beginn des neuen Jahres saß Pierre Curie auf der Ecke des Arbeitstisches im Labor und beobachtete Marie, die mit verschränkten Armen, die Füße gekreuzt, ruhig am anderen Ende des Tisches lehnte. Stumm stand sie da in ihrem Arbeitsbereich, umgeben von dem sinnvollen Durcheinander der Tiegel, Porzellanbehälter und Meßinstrumente. Draußen regnete es. Sie merkte es nicht. In regelmäßigen Abständen bahnten sich einzelne Tropfen einen Weg durch das schmutzige Glasdach und fielen auf den Zementboden, wo sich eine Pfütze entwickelte.

„Kann ich dir irgendwie helfen?" fragte er schließlich.

Sie hob den Kopf und sah ihn an. „Ich denke darüber nach, wie wir an mehr Pechblende kommen. Mit einem Kilo ist es nicht getan."

„An welche Mengen denkst du?"

„Wenn wir wirklich etwas erreichen wollen, brauchen wir mindestens eine Tonne davon."

„Eine Tonne? . . . Weißt du, welche Arbeit du auf dich nehmen willst? Wir haben keine Hilfskräfte. Niemand, der uns die Schwerstarbeit abnehmen oder auch nur erleichtern könnte."

„Ich weiß", sagte sie leise. „Trotzdem, es gibt keine andere Möglichkeit. Ich muß mich daranmachen. Sag mal, kennst du nicht jemand, der uns Pechblende liefern könnte?"

„Mehrere", sagte er. „Ich werde heute abend noch ein paar Briefe schreiben. Mir fallen da einige Möglichkeiten ein . . . Die sicherste ist St. Joachimsthal in Böhmen, wie ich annehme. Die Österreicher gewinnen dort aus der Pechblende Uran. Die Reste, auf die es uns ankommt, sind für sie völlig wertlos."

„Dann müßten sie doch froh sein, wenn sie das Zeug loswerden könnten, meinst du nicht? Bei der Glasherstellung jedenfalls sind, außer den Uransalzen, die Reste nur Abfallprodukte."

Er nickte. „Ich könnte Professor Süß von der Wiener Universität anschreiben. Wir kennen uns seit Jahren . . . Er könnte uns zumindest eine Probe der Joachimsthaler Pechblende schicken, ehe wir größere Ausgaben wagen."

Sie nickte. „Versuchen wir es."

Der Erfolg ließ nicht auf sich warten. Schon wenige Wochen danach erhielten sie einige Proben der Joachimsthaler Pechblende, und die Untersuchungen ergaben, daß das Material alle Eigenschaften besaß, die sie brauchten. Auch jetzt half Professor Süß von der Wiener Akademie der Wissenschaften. Er bewog die österreichische Regierung, die Eigentümerin der Joachimsthaler Fabrik war, den Curies eine Tonne Rückstände zu überlassen. Zu zahlen waren nur die Transportkosten. Brauchten sie größere Mengen, würde man sie ihnen zu den günstigsten Bedingungen überlassen.

Nur kurze Zeit später wurde das große Tor der Pariser Hochschule für Physik und Chemie vom Pförtner geöffnet, und ein schwerer Pferdewagen rumpelte in den Hof, dicht mit Säcken beladen. Der Kutscher, in einer Lederschürze vor dem gestreiften Kittel, kletterte umständlich vom Bock und blickte verwirrt auf die kleine, schmale Frau in dem dunklen, bodenlangen Kleid, die ihm mit allen Zeichen der Begeisterung entgegengelaufen kam.

„Haben Sie die Pechblende aus Österreich?" fragte sie atemlos. „Das ist ja wunderbar! ... Stellen sie die Säcke hier an der Mauer ab. Wir kommen dann schon zurecht."

Inzwischen war auch Pierre Curie in seinem weißen Kittel unter der Tür erschienen. „Mein Gott, das ging ja sehr viel rascher, als ich dachte! Wunderbar!"

Er gab dem Kutscher ein Trinkgeld, der zuerst den Schein beschaute und dann zu einer tiefen Verbeugung ansetzte. Unterdessen war Marie schon zu einem der Säcke geeilt, hatte ihn aufgeschnitten und vergrub nun beide Hände in der schmutzigbraunen Masse, die mit Fichtennadeln vermischt war.

„Da ist sie, unsere Pechblende!" rief sie. „Ist das nicht wundervoll! In diesen Säcken ist das Radium verborgen. Und wir werden es finden, das verspreche ich dir."

Sie ging an den Säcken entlang und beklopfte jeden einzelnen, als hätte sie eine Reihe von Pferden vor sich. Schließlich machte sie kehrt, holte eine Probe aus dem ersten Sack heraus und brachte sie mit dem Elektrometer in Kontakt.

Das Ergebnis steigerte noch ihr Entzücken. „Komm her! Was sagst du?"

„Sieht gut aus."

Die kleine Probe war erheblich stärker radioaktiv als

alle Pechblendenmengen, die sie bisher untersucht hatten.

Nun galt es, einen Ort zu finden, wo sie mit der Tonne Material arbeiten konnten. Das Labor war dazu nicht brauchbar. Auf Drängen Pierres stellte ihnen der Direktor der Hochschule einen verlassenen Schuppen zur Verfügung, der einst als Sektionsraum benutzt worden war. Hier konnten sie die feineren Trennungsarbeiten durchführen.

Der Schuppen besaß gleichfalls ein Glasdach, das bloß einen unvollkommenen Schutz vor der Witterung bot: im Sommer oft unerträglich heiß, im Winter kälter als jeder Keller. Der kleine gußeiserne Ofen lieferte nur in unmittelbarer Nähe einen Hauch von Wärme. Auch die Einrichtung war ärmlich; außer zwei alten Tischen aus Kiefernholz konnten sie nichts verwenden. Für die chemischen Verfahren, bei denen Gase entwichen, mußten sie den angrenzenden Hof benutzen.

Die Arbeit, die sie sich teilten, war Schwerarbeit, besonders für Marie Curie. Sie begann damit, zwanzig Kilogramm Pechblende in den größten Gußeisenkessel zu füllen, den sie gerade noch tragen konnte, siebte die Kiefernzapfen und Tannennadeln heraus. Die Pechblende wurde dann von ihr zerrieben, gelöst, gefiltert, geprüft, wieder gelöst, kristallisiert und wieder kristallisiert. Wenn das Material auf ein hinreichend kleines Volumen verfeinert war, begann sie mit dem nächsten Quantum von zwanzig Kilogramm, das dann die gleichen Etappen durchlief.

Ständig mußte sie große Mengen Pechblende bewegen und von einem Behälter in den anderen umfüllen. Oft stand sie auch den ganzen Tag vor den heißen, dampfenden Flüssigkeiten und rührte mit einem Eisenstab darin, der fast so groß war wie sie selbst.

Im Sommer machte die Arbeit noch die geringsten Schwierigkeiten. Dann konnte sie die Kessel im offenen Hof erhitzen und darauf hoffen, daß der Wind die Dünste forttrieb. Der Schuppen hatte keinen Rauchabzug, was sie bei Regen oder auch im Winter zwang, die Tür sowie sämtliche Fenster offenzuhalten.

Waren die groben Lösungen auf ein paar hundert Kubikzentimeter Flüssigkeit reduziert, warteten andere Arbeitsgänge auf sie, die höchste Sorgfalt verlangten. Die Kieferntische des Schuppens waren ständig mit kleinen Kristallisationsgefäßen aus Porzellan vollgestellt, die bei aller Sorgfalt, die Marie Curie anwandte, immer wieder durch Staub- und Kohlepartikel verunreinigt wurden, die aus dem Hof hereinwehten. Dabei kam es dann nicht selten vor, daß die Flüssigkeit, manchmal das Ergebnis von Tagen, weggeschüttet werden mußte.

Mit fliegenden Haaren, in einem alten von Schmutz und Säureresten verunreinigten grauen Kittel, ständig von beizendem Rauch umgeben, war sie vom frühen Morgen bis in den Abend hinein auf den Beinen. In seiner freien Zeit half ein ältlicher Laboratoriumsdiener namens Petit. Er tat es ohne Bezahlung und völlig freiwillig, rein aus Begeisterung für das Ehepaar. Jeden Abend achtete Marie darauf, daß der Assistent die Tische gründlich reinigte. Wenn er es vergaß oder nicht mehr dazu kam, tat sie es selbst. Die Stellen, auf die Regentropfen trafen, markierte sie mit Kreidekreisen. Dort durfte nichts abgestellt werden.

Unter solchen Bedingungen arbeiteten sie von 1898 bis 1902. Im ersten Jahr waren sie noch gemeinsam mit der chemischen Trennung des Radiums und des Poloniums beschäftigt. Dann entdeckten sie, daß das Radium nicht nur das aktivere der beiden Elemente war, sondern sich auch leichter in reiner Form gewinnen ließ. So konzentrierten sie ihre Aufmerksamkeit auf dieses Metall und nahmen eine Arbeitsteilung vor. Pierre versuchte, die Eigenschaften des Radiums näher zu beschreiben und mit ihm vertrauter zu werden. Marie widmete sich den chemischen Prozeduren, die es ermöglichen sollten, reine Radiumsalze zu gewinnen.

Auch wenn sich die Fortschritte nur nach langen Monaten messen ließen und Rückschläge nicht ausblieben, genossen sie doch ihre Erfolge. Ganz allmählich erkannten sie, was diese erschöpfenden Arbeiten für sie beide bedeuteten. Nicht nur die meßbare Tatsache der allmählichen Vervollkommnung, als die verfeinerten Lösungen und kristallinen Körper immer reicher an radioaktiven Stoffen wurden, sondern vor allem auch das Wissen, hier völliges Neuland betreten zu haben, verschafften dem Paar Stunden reinsten Glücks.

Mehr als einmal, gestand Marie Curie später, kehrten sie des Nachts in den ärmlichen Schuppen zurück. Stumm standen sie auf dem kalten Asphaltboden und betrachteten die Flaschen mit den Lösungen und die Kapseln mit den Kristallen ringsumher. Verstohlen tastete ihre Hand nach der seinen, bis sich ihre Augen an die Dunkelheit gewöhnt hatten. Nun konnten sie auf den Tischen und Regalen die schwach leuchtenden Silhouetten der Behälter erkennen, die ihr blaues Licht in die Dunkelheit glühten.

Stolz wandte sich Marie Curie zu ihrem Mann und sah ihn erwartungsvoll an, als wollte sie sagen: „Also bitte, ist es nicht wundervoll, dies geheimnisvolle Licht?"

Er sagte nichts, sondern drückte nur ihre Hand. Als sie wieder in die Nacht hinausgingen, schloß sie die Tür hinter sich ab, steckte den Schlüssel in die Tasche. Dann schritten sie nebeneinander durch die menschenleeren Straßen zurück, sich wieder bei den Händen haltend.

Leider dauerten jene Stunden reinsten Glücks nicht, und es folgten Wochen, in denen es Pierre schwerfiel, mit der gewohnten Energie die Arbeiten fortzusetzen. In immer stärkerem Maße begannen ihn scheinbar belanglose Unpäßlichkeiten zu belästigen. Er fühlte sich müde, lustlos, ja erschöpft, obwohl es dafür keine offensichtlichen Gründe gab.

Sein Zustand machte ihn verlegen. Marie erklärte ihn mit Arbeitsüberlastung. Immerhin hatte er beinahe täg-

102

lich zwischen den Lehrlaboratorien der Sorbonne und ihrem Schuppen in der Hochschule der Physik zu pendeln. Hinzu kamen die Vorbereitungen für seine Lesungen an der Universität, die er sehr ernst nahm und die er mit großem Zeitaufwand betrieb. Die Ärzte, die er in jenen Krisenzeiten aufsuchte, sprachen von Rheumatismus. Sie setzten ihn auf Diät, verboten ihm Eier, Milch, Gemüse, Fleisch und Rotwein. Statt dessen sollte er große Mengen Wasser trinken. – Auch Marie Curie war gelegentlich bei Ärzten, um ihre Lungen untersuchen zu lassen.

Doch diese Beschwerden, die kamen und gingen, sich manchmal in beängstigender Weise steigerten und dann scheinbar ganz verschwanden, zeigten kaum Auswirkungen auf die Arbeit der beiden. In den drei Jahren von 1900 an häuften sich die wissenschaftlichen Veröffentlichungen. Im ersten Jahr stand Pierre Curies Name auf fünf Publikationen, der von Marie auf dreien; 1901 trugen sechs, 1902 vier seinen Namen und eine Arbeit den ihren. Marie veröffentlichte entweder unter ihrem Namen allein oder zusammen mit ihrem Ehemann. Pierre schrieb stets mit einem seiner Mitarbeiter zusammen, Physikern, die ihn unterstützt hatten. Alle ihre Arbeiten bezogen sich jetzt auf die Radioaktivität und zielten darauf ab, die Kenntnisse über die neuen Metalle und ihre Strahlen zu vermehren.

Als Nachfolger Lippmanns, der früher die Arbeiten der Curies über Radioaktivität der Akademie der Wissenschaften vorgestellt hatte, übernahm nun Becquerel diesen Dienst.

Mit ernster Miene und ärgerlich gerunzelter Stirn studierte er die neuen Veröffentlichungen, während Marie Curie die wunden Fingerspitzen hastig an den Handballen rieb.

„Wir kommen schon vorwärts", versicherte sie eifrig. „Wir schaffen es schon."

Einen Augenblick starrte er sie mürrisch an. Dann

lachte er plötzlich laut auf und schlug das Manuskript auf den Tisch.

„Ich weiß! Ich weiß, Madame. Sie brauchen kein Wort darüber zu verlieren. Sie können nicht anders ... Das ist Ihre Größe. Daraus ziehen Sie Ihre Stärke. Aber, glauben Sie mir, es ist nicht notwendig, daß Sie in dieser Weise Raubbau mit Ihrer Gesundheit treiben. Sie sind ganz allein auf weitem Feld. Ich kenne die Fachliteratur. Da ist außer Ihnen niemand, der versucht, reines Radium zu gewinnen." Er schwieg wieder. Plötzlich hob er den Kopf. „Unter den Kollegen, die zählen, die wirklich Bedeutung haben, gibt es längst keinen mehr, der an der Realität des Radiums zweifelt. Und Ihr Name sowie der Ihres Mannes, sie sind für immer mit seiner Entdeckung verbunden. Was heute interessiert, das ist der nächste Schritt: Welche Bedeutung hat das Radium in der Geschichte der Naturwissenschaft? Welches sind seine praktischen Anwendungsmöglichkeiten? Und da gibt es allerdings eine Menge Konkurrenten, die sich damit beschäftigen. Das gebe ich zu."

„Ich weiß", sagte sie ruhig. „Hier wird der Wettbewerb von Monat zu Monat stärker."

„Allein in Deutschland ist es zwei chemischen Firmen gelungen, brauchbare Mengen unreinen radioaktiven Materials herzustellen. Und der Direktor einer dieser Gesellschaften ist sehr großzügig. Er gibt diese Proben an andere Forscher ab. Er tut es natürlich nicht in selbstloser Absicht. Er will wissen, was sich praktisch damit machen läßt. Auch Sie sind großzügig. So haben Sie mir und Ernest Rutherford Proben Ihrer Arbeit zur Verfügung gestellt – nur mit dem Unterschied, daß Sie es aus rein wissenschaftlichen Gründen taten, während die anderen nach Möglichkeiten der Anwendung suchen."

„Und ich bleibe dabei", sagte sie fest. „Ich will das Radium isolieren, und ich werde es. Ein Datum kann ich nicht nennen. Vielleicht ist es schon bald. Es kann allerdings auch geschehen, daß es noch lange dauern wird."

Becquerel blätterte in dem Manuskript. „Sagen Sie, ist es richtig, daß Ihnen die Schweiz ein verlockendes Angebot machte?"

Sie errötete. „Ja, die Universität Genf. Der Dekan der Naturwissenschaftlichen Fakultät kam zu uns. Er bot uns außerordentlich günstige Bedingungen, unter anderem auch ein Laboratorium eigens für uns. Selbst für mich war eine offizielle Stelle vorgesehen."

„Auch finanziell interessant?"

„Aber sehr!"

„Wissen Sie", sagte Becquerel, „so groß unsere Universität in Paris auch ist, solche Nachrichten machen hier schnell die Runde." Seine Augen funkelten belustigt auf. „Man erzählt sich, daß Sie auch in Genf waren."

„Wir konnten die Einladung nicht ablehnen. Es waren unvergeßliche Tage für uns beide", sagte sie. „Bootsfahrten, Festessen, private Einladungen . . . Alles, was man sich nur wünschen kann."

„Soso", machte Becquerel. „Aber Sie sind doch zurückgekommen, wie ich sehe. Heißt das, daß Sie in Paris bleiben werden?"

„Eine endgültige Entscheidung ist noch nicht gefallen", sagte sie ruhig und biß sich auf die Lippe. „Es ist vor allem mein Mann, der erst unsere Arbeit über die Radioaktivität abschließen will. Danach werden wir weitersehen."

„Aha! Dann besteht also noch eine Chance für uns, Sie hier in Paris zu halten. Wollen einmal sehen, was sich da machen läßt."

Seit 1898 hatte Marie Curie aus ihrer Pechblende Hunderte, ja Tausende von Litern an Flüssigkeit gefiltert und sie geduldig bis auf Fingerhutmengen reduziert. Es gab Tage, an denen sie überzeugt war, das Ende erreicht zu haben. Aber schon Stunden später mußte sie dann erkennen, daß sie einem Irrtum erlegen war.

Am 23. Juli 1900 schrieb sie begeistert in ihr Notizbuch: „. . . reines Radium ist in dieser Kapsel." Ein paar Tage später trug sie auch das Atomgewicht ihrer Radiumprobe ein: 17. Und sie wußte, das Ergebnis war nichts wert. Die Zahl war viel zu niedrig, als daß man ihr hätte Beachtung schenken können. Auf der nächsten Seite stellt Marie Curie dann eine kurze Berechnung an und zog den Schluß: „Es ist unmöglich, das Produkt kann sich nicht in sein Chlorid umgewandelt haben." Alle Arbeiten um die Reinigung waren damit umsonst gewesen. Wollte sie ein brauchbares Ergebnis, mußte sie die ganze Prozedur von vorn beginnen.

Das tat sie. Doch es sollten weitere zwei Jahre vergehen, ehe sich in ihrem Tagebuch unter dem Datum vom 28. März 1902 die Eintragung fand: „Ra = 225,93".

Sie hatte ihre letzte Probe Radiumchlorid dem Physiker Eugène Demarçay gebracht. Die Probe wog nur wenig mehr als ein zehntel Gramm, aber die starken Strahlen, die sie ausschickte, ließen die empfindlichen Apparate im Labor verrückt spielen.

# Das Radium und seine Folgen

Das Haus Boulevard Kellermann 118 steht heute nicht mehr. Nur eine kleine Tafel, an einer Mauer angebracht, erinnert noch an die Curies. Es war nur klein: ein Fenster zwischen zwei Türen zum Garten hin, drei Fenster im ersten Stock, halb verborgen hinter einem Ahornbaum und Fliederbüschen. Es wirkte ebenso still und friedlich wie die Nachbarhäuser, und nichts erweckte den Eindruck, als befinde man sich in der Weltstadt Paris. Die lärmende Außenwelt, der Verkehr, die menschenwimmelnden Cafés, Theater und Restaurants – das ganze funkelnde Spiel des Pariser Lebens war ausgeschlossen.

In dem zweistöckigen Haus wohnte Dr. Eugène Curie,

Pierres Vater, mit der jetzt fünfjährigen Irène. Wenn der alte Mann die Eltern abends hörte, zog er sich regelmäßig in sein Zimmer zurück, um Marie und Pierre mit Irène allein zu lassen.

Die Mutter setzte sich an das Bett des Kindes, erzählte ihm auch ein Märchen und blieb in der Dunkelheit bei ihm, bis die Kleine verstummte, weil sie eingeschlafen war. Dann erst kehrte sie zu Pierre zurück, der sie schon ungeduldig erwartete.

„Schläft sie?" fragte er.

Sie nickte. „Ich habe gesehen, daß Vater in der Küche ein Abendessen vorbereitet hat. Was hältst du davon, wenn wir etwas essen?"

Er zögerte. „Ich habe es auch gesehen. Aber Hunger habe ich eigentlich nicht ... Mir ist so flau im Magen – und auch sonst. Ich denke, ich werde heute abend nichts essen."

„Ganz falsch", sagte sie mit Überzeugung. „Wie willst du bei Kräften bleiben, wenn du nichts ißt?"

Eine halbe Stunde später saßen beide am Arbeitstisch einander gegenüber. Marie Curie war dabei, ihre Doktorarbeit zu schreiben. Sie trug die wissenschaftlichen Ergebnisse der letzten vier Jahre zusammen. Sie tat es in dem trockenen, nüchternen Stil, der als wissenschaftlich gilt und nichts von der Persönlichkeit des Autors preisgibt, seinen Hoffnungen, Enttäuschungen und Irrtümern.

Ihre Schrift von hundert Seiten wurde ein umfassendes, sorgfältiges Dokument, das die Ereignisse um die Radioaktivität bis 1903 darstellt. Sie zeichnete alle Versuche, denen sie die verschiedenen Substanzen unterworfen hatte, nach und erstellte eine Liste der gesicherten Schlußfolgerungen aus ihrer Arbeit mit Polonium und Radium.

Dann war Maries Doktorarbeit endlich abgeschlossen, gedruckt und dem akademischen Prüfungsausschuß vorgelegt worden. Sie hatte sie „Forschungen über radioaktive Substanzen" genannt. Wie sehr sie selbst von ihrer Leistung überzeugt war, beweist die Tatsache, daß sie ihre Schwester Bronia zur mündlichen Prüfung, dem Rigorosum, einlud. Dem energischen Drängen der Schwester war es auch zu danken, daß sie sich zu diesem Ereignis ein neues Kleid machen ließ, schwarz selbstverständlich, aus Seide und Wolle, damit sie es später auch im Laboratorium tragen könne.

Die Prüfung fand am 25. Juni 1903 in einem der kleinen Säle der Sorbonne statt, dem „Saal der Studenten", zu dem man über eine Wendeltreppe gelangte. Als Marie Curie in ihrem neuen Kleid erschien, blaß, aber gefaßt, waren bereits sämtliche Plätze besetzt. Die bekanntesten Physiker der Universität hatten sich eingefunden, dazu andere Wissenschaftler, vor allem auch Chemiker.

Pierre Curie saß da, Pierres Vater, Bronia, viele Studenten und eine Gruppe junger Mädchen, Schülerinnen aus der Mädchenschule in Sèvres, in der Marie Curie seit einiger Zeit Physik unterrichtete. Der Saal war überfüllt. Man hatte noch Sitzgelegenheiten beschaffen müssen, denn als Berühmtheiten erweckten die Curies auch das Interesse von Leuten, die nur nebelhafte Vorstellungen von moderner Physik besaßen.

Sehr gerade stand Marie Curie in ihrem neuen Kleid vor dem Tisch der drei Professoren, das blonde Haar zurückgekämmt, aufmerksam, aber ohne erkennbare Scheu. Die Prüfer, Professor Lippmann, Professor Bouty und Professor Moissan, alle ohne Ausnahme anerkannte Wissenschaftler, stellten der Reihe nach ihre Fragen in ruhigem Ton, die eher noch ruhiger beantwortet wurden. Es fiel kein lautes Wort. Gelegentlich zeichnete Marie mit kurzen Strichen das Schema eines Apparates an die große Tafel oder schrieb eine komplizierte Formel auf.

Jedem der Zuhörer wurde schon nach kurzer Zeit deutlich, daß diese Frau in einzigartiger Weise ihren Stoff beherrschte, wahrscheinlich sogar besser noch als ihre Prüfer. Als darum Professor Lippmann, der Vorsitzende des

Prüfungsausschusses, ihr nach kurzer Beratung die Doktorwürde der Naturwissenschaften der Universität Paris verlieh und die Auszeichnung „Très honorable" anfügte, gab es keinen, der sich überrascht zeigte. Unter dem gedämpften Beifall aller Anwesenden verließ die junge Doktorin der Naturwissenschaften den Saal.

Der Tag endete mit einer kleinen Feier und einem Abendessen, das die Physikerkollegen dem Ehepaar Curie gaben. Es war eine außergewöhnliche Gruppe, die sich hier einfand. Unter den Gästen befand sich auch ein junger Mann, gerade drei Jahre jünger als Marie Curie, in Neuseeland geboren, der als Physiker bereits einen weltweiten Ruf durch seine Beschäftigung mit Radioaktivität besaß: Ernest Rutherford. Als Marie Curie gehört hatte, daß er sich auf einer Europareise befand, hatte sie ihn eingeladen, sie zu besuchen. Am Morgen war er zu ihrem ärmlichen Laboratorium gekommen, in der Hoffnung, sie dort zu treffen. Doch dann hatte er erfahren, daß sie sich zu dieser Stunde gerade im Rigorosum, der mündlichen Prüfung, befand. Rutherford war wahrscheinlich der einzige unter allen Physikern der Welt, der Marie aufgrund seiner Kenntnisse einer weit strengeren Befragung hätte unterziehen können.

Doch davon war an diesem Abend keine Rede. Er verdankte Marie Curie viel. Seine ganze Arbeit über die Ablenkung der Alphastrahlen in einem magnetischen Feld war ein grandioser Fehlschlag gewesen, bis sie ihm eine hinreichend starke radioaktive Radiumquelle für seine Untersuchungen gesandt hatte.

Das Dinner blieb allen unvergeßlich, der weißgedeckte Tisch und die von dem reinen, stillen Kerzenlicht beleuchteten Gesichter der Menschen. Der hochbegabte Physiker Paul Langevin hatte es vorbereitet.

Auch Pierre Curie war an diesem Abend glücklich. Wenn sein Blick auf Marie fiel, fühlte er, daß jede Frau auf der Welt so sein sollte wie seine strahlende Marie. Noch nie hatte er sie so schön gesehen. Ihre Augen waren ein einziges Funkeln und Tanzen. Er konnte den Blick nicht von ihr lassen und vergaß darüber beinahe das köstliche Essen.

Es waren noch zwei weitere Frauen eingeladen, darunter auch Frau Rutherford. Sie trug ein schlichtes, aber kostbares Abendkleid aus pflaumenfarbenem Samt, das ihre Arme freiließ und an der Brust mit einer Brosche geschmückt war. Während die Frauen miteinander plauderten, blickte Pierre rasch von einer zur anderen. Dann begegnete er Rutherfords Augen, und einen Moment blitzte zwischen ihnen ein stummes Einverständnis auf, das ohne Worte zu sagen schien: Warum kann das Leben nicht immer so sein? Noch nie hatte er den Zauber kultivierter Gesellschaft so beglückend und vollkommen empfunden.

Wenn es Meinungsverschiedenheiten gab, so waren sie freundschaftlich und anregend. Man diskutierte bis spät in den Abend. Um elf Uhr beschlossen alle, sich in den Garten zu setzen und die warme Nacht zu genießen. Pierre Curie hatte sich noch eine besondere Überraschung für seine Gäste ausgedacht. Als alle saßen, holte er einen kleinen, teilweise mit Zinksulfid umhüllten Tubus aus der Tasche, der eine von Marie bereitete Radiumlösung enthielt. Als er den Behälter hochhielt, glühte der Zinkmantel plötzlich mit einem vom Radium verursachten blauen Schein auf. Plötzlich sprach niemand mehr, alle schauten schweigend zu. Jeder war tief beeindruckt.

Doch Rutherford sah noch mehr. Im Licht des Tubus sah er Pierres Hände, und er bemerkte, daß sie rauh, rissig und entzündet waren. Offensichtlich fiel es Pierre Curie sogar schwer, den winzigen Behälter zu halten.

„Sie sollten sich schonen", sagte Rutherford leise beim Abschied zu ihm, „nun, da der Ruhm zu Ihnen kommen wird. Sie waren doch vor einer Woche in London. Alle sprechen von Ihren Leistungen. Aber niemand kennt mit letzter Sicherheit die Folgen, die Experimente mit Radium haben können."

# Der Nobelpreis

Gerade eine Woche zuvor, am 19. Juni 1903, hatten die Curies die Aufmerksamkeit der wissenschaftlich interessierten Gesellschaft in London auf sich gezogen. An diesem Tag hatte Pierre Curie in der Royal Institution eine Vorlesung gehalten, zu der sich die angesehensten Persönlichkeiten aus Physik und Chemie mit ihren Freunden und Bekannten drängten.

Als die Curies die kleine Vorhalle betraten, waren sie alsbald von Leuten umringt, die sie begrüßten und ihnen zu ihrem Anteil an der Entdeckung des Radiums gratulierten. Marie Curie bemerkte, daß die Leute sich anstießen und zu ihr herüberschauten, was immer sie auch tat.

Anscheinend war sie viel berühmter, als sie angenommen hatte; aber sie nahm die schmeichelhaften Aufmerksamkeiten mit der ihr eigenen Gelassenheit hin. Anders ihr Mann. Sie spürte, daß ihn die anmaßend selbstsichere Überlegenheit dieser Leute in ganz unvernünftigem Maße ärgerte. Die meisten benahmen sich, als befänden sie sich in der großen Pause einer Theateraufführung. Sie lachten, sie plauderten und besprachen, was sie mit dem restlichen Abend anfangen wollten. Viele schienen nicht gekommen zu sein, um eine wichtige wissenschaftliche Entdeckung zu sehen, sondern um selber gesehen zu werden, um dabeizusein und, im Anschluß daran, in einem der vornehmen Londoner Restaurants zu speisen und spitzfindig gescheite Bemerkungen über Radium zu machen.

Doch diese Leute waren, wenn er ehrlich blieb, in der Minderheit. In dem Sitzungssaal drängte sich die englische Gelehrtenwelt, Männer, deren Leistungen weltweit Anerkennung gefunden hatten, alle im Frack und mit weißer Schleife.

Lord Kelvin empfing die Curies. Der berühmte alte

Mann mit dem schmalen Eidechsenkopf und den funkelnden Augen betrachtete den Erfolg der Curies als seine persönliche Angelegenheit. Er war stolz auf deren Leistungen, als wären es seine eigenen. Er hatte sie am Tage zuvor durch sein Laboratorium geführt und Pierre dabei mit wichtigen Ratschlägen versorgt.

„Reden Sie langsam, mein Lieber, und verwenden Sie nur die gebräuchlichsten Vokabeln. Sprechen Sie einfach, meine ich", erklärte er munter und eifrig. „Denken Sie daran, alles, was Ihnen persönlich selbstverständlich ist, haben diese Leute – außer den wenigen Physikern und Chemikern, die Sie hier finden – noch nie gehört."

„Ich verstehe", sagte Pierre.

„Das bezweifle ich immer noch ein bißchen." Jetzt lachte Lord Kelvin und zeigte dabei ein prächtiges Pferdegebiß, das durch fleißigen Whisky- und Tabakgenuß die Farbe alten Elfenbeins angenommen hatte.

„Stellen Sie sich vor, Sie haben eine Schulklasse mit gerade normalbegabten Schülern vor sich, denen Sie etwas zeigen wollen, was eigentlich über deren Verstand geht, dann werden Sie Erfolg haben. Die Leute sind willig, aber sie bringen keinerlei Voraussetzungen mit."

„Aber natürlich", versicherte Pierre. „Nicht jeder hat Physik studiert."

„Viele können nicht einmal ‚Physik' schreiben. Reden Sie wenig, und machen Sie statt dessen einige eindrucksvolle Experimente. Stellen Sie Ihre Frau in den Mittelpunkt. Mit ihrem blonden Haar und den traurigen Augen wird sie die Journalisten verzaubern. Eine gute Presse ist das Beste, was Ihnen passieren kann. Im übrigen fühlen Sie sich als ein Radiumhändler, der seinen Kunden etwas verkaufen will."

„Gar nicht so einfach, wie sich das anhört", meinte Pierre mit einem belustigten Lächeln. „In Frankreich habe ich nur ganz wenige überzeugen können – und keinen, der mir eine Unterstützung verschafft hätte."

Das Publikum brach in dem amphitheatralischen Saal

in Beifall aus, als Sir William Crookes, der Vorsitzende, den schmalen, zurückhaltenden Wissenschaftler zum Rednerpult neben dem Laboratoriumstisch geleitete. Nur wenige Meter entfernt saßen die bedeutendsten Physiker Englands, würdige Herrn, viele eine Blume im Knopfloch. Neben Lord Kelvin hatte Marie in einem einfachen schwarzen Abendkleid Platz genommen, die erste Frau, die unter den berühmten Naturwissenschaftlern Rang und Ruf besaß.

In französischer Sprache beschrieb Pierre Curie die Eigenschaften des Radiums. Er bat um Dunkelheit, zeigte die Kraft des Radiums auf verpackten Fotoplatten, dann schließlich die eindrucksvolle Leuchtkraft des Elements. Wie durch einen Zaubertrick brachte er auf Distanz ein Elektroskop zur Entladung und ließ durch einen Schirm Zinksulfid phosphoreszieren. Dabei passierte ihm ein Mißgeschick. Er verschüttete ein wenig des radioaktiven Materials. Fünfzig Jahre später wurde dessen Anwesenheit in dem Raum des Instituts entdeckt, dabei an einigen Stellen in solchen Mengen, daß sie „entstrahlt" werden mußten.

Die Begeisterung, die Pierre Curie an diesem Abend auslöste, setzte sich auch in den nächsten Tagen fort. Dieses stille, blasse Gesicht, die müden Augen, die geduldige Melancholie der leisen Stimme begeisterten nicht nur die englische Gesellschaft, sondern auch die Presse. Hier war ein Wissenschaftler von höchstem Rang, frei von allen Eitelkeiten. Nie nutzte er eine Gelegenheit, um Aufmerksamkeit zu erregen. Nie hob er die Stimme. Die Lobesworte, die man ihm und seiner Frau entgegenbrachte, schienen ihn eher verlegen zu machen. Stumm hörte er sich die Reden an, die ihm zu Ehren gehalten wurden. Täglich erschienen lange Berichte in den englischen Zeitungen.

Eine kaum geahnte Welt tat sich in diesen Tagen vor den Curies auf, nicht die Alltagswelt der Arbeit und des Berufs, sondern die große Welt der wirklich reichen Leute, große Namen darunter, die über Jahrhunderte ihren Einfluß in der Politik gewahrt hatten, dazu deren Frauen. Die kostbarsten Diamanten des Königreichs glitzerten in den tiefen Décolletés.

Als sie dann einige Tage später nach Paris zurückkehrten, hatten sie eine Reihe wertvoller Bekanntschaften geknüpft und die Gewißheit gewonnen, um keinen Preis ein solches Leben auf Dauer führen zu wollen. Ihr kleines Labor mit den schmutzigen Scheiben, dem grauen Zementboden und den ewig tropfenden Wasserhähnen erschien ihnen plötzlich wie eine Oase des Friedens, der Ruhe und des Glücks.

Im November erreichte sie die Nachricht aus London, daß ihnen die Royal Society in Anerkennung ihrer Verdienste um die Radiumforschung eine ihrer höchsten Auszeichnungen, die Davy-Medaille, verleihen werde.

Marie blieb in Paris. Sie fühlte sich den Strapazen, die damit verbunden waren, nicht gewachsen.

Pierre Curie brachte aus England eine schwere goldene Medaille mit. Während er noch einen geeigneten Ort zu ihrer Aufbewahrung suchte, packte die sechsjährige Irène die Medaille, die ihr als herrliches Spielzeug erschien, und beide Eltern hatten nicht das Herz, sie ihr wegzunehmen. So kam es, daß die Freunde der Curies, die in den nächsten Monaten das Physikerehepaar besuchten, deren kleine Tochter mit einer der höchsten wissenschaftlichen Auszeichnungen Englands spielen sahen.

Ende des Jahres kam dann der große, der internationale Ruhm zu den Curies. Ein Telegramm, in Stockholm aufgegeben, traf bei ihnen ein. Bei der feierlichen Generalversammlung der Königlich Schwedischen Akademie der Wissenschaften am 10. Dezember 1903 war Henri Becquerel und den beiden Curies der Nobelpreis für Physik je zur Hälfte für ihre Entdeckung der Radioaktivität verliehen worden.

Die Auszeichnung wurde zum drittenmal verliehen.

114

Seine Bedeutung erhielt der Preis durch die Tatsache, daß er auf Vorschlag von international anerkannten Wissenschaftlern erfolgte. Die Geldsumme, die damit verbunden ist, wird aus dem Vermögen finanziert, das Alfred Nobel durch seine Sprengstoff- und Rüstungsindustrie erworben hatte. Der Nobelstiftung war es gelungen, die Akademie der Wissenschaften und die königliche Familie selbst in die Verleihungszeremonie einzubinden und ihm damit ein Ansehen zu verschaffen, wie es keine andere wissenschaftliche Auszeichnung je wieder erlangte.

Pierre zeigte Marie das Telegramm.

„O Gott!" entfuhr es ihr. „Dem bin ich nicht gewachsen . . . Was machen wir?"

„Mit dem Preis sind siebzigtausend Francs verbunden", sagte er. „Wir erhalten das Geld aber nur, wenn ich innerhalb eines halben Jahres, vom Tag der Verleihung an gerechnet, einen Vortrag über Radium vor der Akademie in Stockholm halte."

„Kann das nicht auch Becquerel für uns tun? Schließlich erhält er doch die Hälfte des Preises wegen seiner Arbeiten über das gleiche Thema?" fragte sie dann. „Das müßte doch möglich sein."

„Leider ist es das aber nicht", entgegnete er ruhig. „Die Bestimmungen sind ganz eindeutig."

„Also Pierre, Pierre", sagte sie halblaut und nur mühsam beherrscht, „mit mir kannst du nicht rechnen. Ich habe einfach Angst vor der Reise, vor den Anstrengungen und auch vor den Feierlichkeiten . . . Und du weißt ja, seit meiner Grippe Anfang November habe ich diesen Husten. Ich fühle mich zwar besser, aber das schaffe ich nicht. Und du bist auch nicht bei vollen Kräften, vergiß das nicht!"

„Schon recht! Es geht auch wegen unserer sonstigen Verpflichtungen nicht. Das weiß ich", sagte er begütigend. „Ich werde einen Brief an die Schwedische Akademie schreiben – ein Meisterwerk an Diplomatie."

„Kann Becquerel wenigstens den Preis für uns in Empfang nehmen?" fragte sie nach einer Weile.

„Nein, soweit mir bekannt ist, kann er das auch nicht. Das muß unser Gesandter in Stockholm tun. Marchand wird das machen. Ich werde noch heute nacht einen Brief schreiben und dem Komitee unsere Gründe mitteilen und dann einen zweiten Brief an den Gesandten."

Sie nickte leicht und schwieg eine Weile. Dann sah sie ihm fest in die Augen und sagte ruhig und entschieden: „Im Grunde ist es ja absurd, was wir tun. Da erhalten wir die höchste wissenschaftliche Auszeichnung, die es überhaupt gibt – und was tun wir? Wir versuchen, uns davor zu drücken ... Hinzu kommt, daß wir im Grunde gar nichts damit lösen. Wir verschieben das Ganze nur ... Und ich habe so ein Gefühl, als würde in den nächsten Wochen hier die Hölle los sein."

Damit sollte sie recht behalten.

Dic Auszeichnung mit dem Nobelpreis für Physik ließ für die Curies eine Zeit anbrechen, die sie als peinigend, ja unerträglich empfanden. Das Telegramm, das die Verleihung ankündigte, beschäftigte die Weltpresse über Monate und Jahre. Das Ereignis wurde als „atemberaubend" bezeichnet. Man entdeckte die romantische Geschichte ihres Lebens, ihre Armut über viele Jahre, aber auch ihre Liebe, ihre Besessenheit, die unglaublichen Arbeitsbedingungen. Nichts blieb unerwähnt, die zugigen Fenster, die tropfenden Wasserhähne – Kälte im Winter, Hitze im Sommer, ein Laboratorium, das im Grunde nichts als ein Schuppen war, weniger als eine Werkstatt, wie sie jeder Handwerker gefordert haben würde.

Pierre Curie war verwirrt. Er empfand die öffentliche Aufregung als lästig, übertrieben und heuchlerisch. Er wollte nicht begreifen, wieso die Physik, die sonst nur Wissenschaftler interessierte, nun plötzlich in den Mittelpunkt des Weltinteresses geraten konnte. Hilflos stand er den hochbezahlten Korrespondenten gegenüber, die um Interviews baten, alles mitschrieben, was er sagte, und sich sogar irgendwo hinter dem Abfall der Pechblende im Hof versteckten, um vielleicht noch irgendeine Einzelheit zu erspähen, die den anderen entgangen war.

„Verstehst du das?" fragte er eines Abends Marie. „Da kommen sie eigens aus den Vereinigten Staaten, um uns zu befragen. Das ist doch Wahnsinn!"

„Ich habe heute mit Langevin gesprochen. Er meinte, unser Erfolg habe für die Menschen alle Merkmale eines Märchens."

„Märchen? ... Da muß ich aber lachen", sagte er.

„Oh, wie er es vorbrachte, klang es recht überzeugend", antwortete sie belustigt. „Es war einmal ein armes Mädchen, das kam aus einem fernen, fremden Land in die große Stadt. Dort lernte es einen klugen, eleganten Mann kennen, der sich in das fleißige Mädchen verliebte. Nach einiger Zeit heirateten die beiden. Sie waren arm, unvorstellbar arm, aber wie es das Glück wollte, machten sie eine Entdeckung –"

„Bitte hör auf!" unterbrach er sie. „Mir kommen sonst die Tränen."

„– und wenn sie nicht gestorben sind, dann leben sie noch heute ..." Sie mußte lachen. „Aber du wirst nicht leugnen können, daß die meisten Geschichten über uns nach diesem Muster gestrickt sind. Die Leute wollen so etwas lesen. Es gefällt ihnen", sagte sie, „weil es ihnen Hoffnung macht. Eines Tages könnte ja auch das Glück zu ihnen kommen."

„Hast du das ‚Echo de Paris' gelesen?" fragte er. „Der Reporter war gestern bei mir. Heute stellt er in zwei Spalten meine Charaktereigenschaften vor. Dabei gibt er zu, daß wir so von Neugierigen umlagert waren, daß ihm nur gerade eine Viertelstunde für das Interview blieb. Und obwohl ich seine Fragen immer nur mit „ja" oder „nein" beantworten konnte, brachte er das Kunststück fertig, eine ganze Seite zu füllen."

Sie nickte. „Er ist eben ein freischaffender Künstler. Aber da wir gerade bei der Presse sind: Auf deinem Arbeitstisch liegt die Post. Du brauchst mindestens eine halbe Stunde, um sie auch nur durchzusehen – Briefe, Telegramme, Glückwünsche, Botschaften, Angebote für eine Zusammenarbeit, Bitten um Autogramme und Spendenwünsche aus mehr als einem Dutzend Ländern."

„Gar nichts werde ich durchsehen", sagte er gereizt, „überhaupt nichts. Ich schlafe schon fast im Stehen. Morgen ist auch noch ein Tag."

Die Schwärme von Reportern und Pressefotografen stellten die Geduld der Radiumentdecker auf eine harte Probe. Doch schlimmer noch waren die Touristen, die in den folgenden Wochen auftauchten. Sie fühlten sich von dem neuen Ruhm angezogen wie die Motten vom Licht. Sie kamen schon morgens mit Trambahnen, Pferdebussen und Kutschen. Einige hatten sich Klappstühle mitgebracht; Frauen strickten, Männer lasen die Zeitung. Geduldig warteten sie vor dem Labor in der Rue Lhomond und der Wohnung am Boulevard Kellermann. Manchmal kam es zu beängstigenden, lautstarken Auseinandersetzungen darüber, wer auf den besten Plätzen vor der Eingangstür sitzen durfte. Einige Reporter gingen sogar so weit, von den Gesprächen des Kindermädchens mit Irène zu berichten und den schwarzweißen Hauskater Didi zu beschreiben, der den Garten der Curies mäusefrei hielt.

Bevorzugte Besucher, die mit verschiedenen Empfehlungsbriefen ankamen, machten Pierre Curie besonders zu schaffen. Freunde oder auch Freunde von Freunden produzierten Dutzende solcher Schreiben. Alle Welt wandte sich plötzlich an ihn und äußerte den Wunsch, das Innere des Schuppens oder auch die Wohnung zu besichtigen.

Bei Pierre, der nicht über solche Abwehrkräfte wie Marie verfügte, erreichte die Frustration zuweilen einen solchen Grad, daß er die Leute einfach übersah oder sie vor den Kopf stieß.

Marie Curie, die mehrere solche Begegnungen beobachtet hatte, warnte. „Ich weiß nicht, ob das klug ist, was du da tust", sagte sie. „Keiner, den du in dieser Weise behandelst, wird es dir jemals verzeihen. Da kannst du sicher sein."

„Und was macht es?" entgegnete er gleichgültig.

„So würde ich das nicht sehen", sagte sie ruhig. „Du willst doch eine Professur und ein wirkliches Labor. Das wirst du aber nie bekommen, wenn du in dieser Weise mit den Leuten umgehst."

Am 10. Dezember fand die feierliche Verleihung des Nobelpreises der Physik in Stockholm statt. Die Curies nahmen nicht an den Feierlichkeiten teil. An ihrer Stelle empfing der französische Gesandte, wie vereinbart, den Preis. Am 2. Januar 1904 wurde der Scheck über die Preissumme bei ihrer Bank hinterlegt. Nun konnte Pierre Curie seine Lehrtätigkeit an der Hochschule aufgeben, die ihn so viel Zeit gekostet hatte. Von Becquerel angeregt, ersuchte Professor Liard, der Direktor der Akademie der Wissenschaften, das Parlament, für Pierre Curie eine neue Professur an der Sorbonne zu schaffen. Sie wurde zu Beginn des akademischen Jahres 1904/05 eingerichtet. Außerdem erhielt er ein Laboratorium mit einigen Angestellten, zu denen seine Frau als Laboratoriumsleiterin gehören durfte. Nun endlich konnten sie den Schuppen in der Rue Lhomond aufgeben, der allen Journalisten weltweit so viel Stoff zur Entrüstung geboten hatte.

Marie Curie behielt ihre Stelle an der Mädchenschule in Sèvres bei. Erst als sie wieder ein Kind erwartete, das am 6. Dezember 1904 zur Welt kam und den Namen Eve erhielt, gab sie ihre Lehrtätigkeit vorläufig auf. Die erzwungene Ruhe des Wochenbettes entspannte die Mutter und gab ihr wieder etwas von ihrer früheren Ausgeglichenheit zurück.

Im Februar nahm sie ihren Unterricht in Sèvres wieder auf.

Zweimal in der Woche stieg sie nördlich vom Louvre in die Dampfstraßenbahn und fuhr bis zu der Kastanienallee, die auf die Fassade des Gebäudes zuführte, in dem sich einst Madame de Pompadours Porzellanmanufaktur befunden hatte. Sobald sie die Schule betrat, läutete eine Glocke, wie es die Tradition bei der Ankunft eines Lehrers forderte, und die Schülerinnen des ersten und zweiten Jahres in Sèvres versammelten sich im Physikraum. Marie Curie führte dort eine Neuerung ein, die nicht ohne Widerspruch blieb. Bisher hatten die Mädchen immer nur aus Büchern gelernt. Nun durften sie sogar experimentieren und Versuche unter ihrer Leitung durchführen. Außerdem achtete sie darauf, daß die Aufgaben, die sie stellte, immer auch einen praktischen Bezug besaßen.

Nur ganz allmählich, während das weltweite Aufsehen verebbte, nahm das Leben des Paares wieder die alten Formen an: die Routine von Lehre und Forschung, Pendeln zwischen den Arbeitsplätzen, Haushalt; dazu einige Stunden, die sie den Kindern widmeten. Doch Maries scharfen Augen entging nicht, daß ihr Mann keineswegs gesund war. Seine Spannkraft hatte nachgelassen. Er ermüdete rasch, hatte wechselnde Schmerzen und litt unter Depressionen.

Da erschien eines Tages der Direktor des Zentralen Meteorologischen Amtes in Pierre Curies Labor. Eleuthère Mascart, ein Mann Mitte Fünfzig, hatte sich die Mühe gemacht, persönlich zu kommen. Sie tauschten die üblichen Höflichkeiten. Pierre ließ zwei Tassen Tee servieren.

„Sie ahnen, weswegen ich hier bin?"

„Nein. Sollte ich es denn wissen?"

Mascart zögerte. „Ich weiß, man hat Ihnen übel mitgespielt bei der Kandidatur um einen Sitz in der Akademie der Wissenschaften. Aber diese Zeiten sind vorbei. In den letzten zwei Jahren ist viel geschehen."

„Sie meinen, ich sollte mich erneut bewerben?" Pierre Curie blickte auf seine harten, rissigen Hände. Er hatte zuweilen Mühe, sich allein anzuziehen.

„Die Stimmung ist umgeschlagen."

„Meine nicht, jedenfalls was meine Einstellung zur Akademie angeht. Ich weiß nicht, wie Sie darüber denken; aber für mich gibt es nichts Schrecklicheres als diese Bittgesuche ... Der Kandidat fährt von Haus zu Haus und bittet die Mitglieder um deren Stimme. Nein, nein."

„Aber jedes Mitglied der Akademie hat das einmal tun müssen. Und alle haben es überlebt." Mascart lachte. „Was Ihnen im Mai 1902 widerfuhr und was ich zutiefst bedauere, mußte auch der Schriftsteller Emile Zola hinnehmen. Glauben Sie mir, Ihre Kandidatur ist eine reine Formsache."

Pierre Curie schüttelte den Kopf.

Mascarts Stimme wurde dringlich. „Sie müssen es noch einmal tun! Nehmen Sie ihr ganzes Selbstvertrauen zusammen, und machen Sie eine Besuchsrunde bei den Mitgliedern. Sie werden ohnehin nicht alle antreffen. Dort hinterlassen Sie nur Ihre Visitenkarte. Das genügt. Sprechen Sie mit Ihrer Frau, und fangen Sie nächste Woche an. In vierzehn Tagen haben Sie es überstanden."

Wieder schüttelte Curie den Kopf.

„Ich kann das nicht. Verzeihen Sie, aber die eine Ablehnung war schon zuviel für mich."

Mascart ließ nicht locker. „Mein lieber Curie, organisieren Sie es, wie Sie wollen. Aber noch vor dem 20. Juni müssen Sie das Opfer auf sich nehmen. Mieten Sie meinetwegen einen der neumodischen Motorwagen, aber machen Sie Ihre Besuche bei den Mitgliedern der Akademie."

„Ich danke Ihnen", murmelte Pierre Curie. „Sie meinen es sicher gut mit mir. Daran zweifle ich nicht ... Aber ich fürchte, ich kann das nicht. Mir fehlt einfach die Kraft dazu."

Mascart lächelte beschwichtigend. „Sie können es. Da bin ich ganz sicher. Sie haben schon ganz andere Sachen gemacht ... Und denken Sie daran, Sie tun es auch für die

Wissenschaft. Als Mitglied der Akademie werden Sie den jungen Talenten ganz anders helfen können."

Pierre Curie gab nach einem Gespräch mit seiner Frau nach und begann seine Runde durch Paris. Eine Schachtel mit Visitenkarten unter dem Arm, fuhr er von Professor zu Professor. Höflich und verlegen machte er seine Besuche, trank hier einen Cognac, dort ein Glas Wein oder eine Tasse Tee, machte Konversation und zog dann weiter.

Das Ergebnis war ein Erfolg und dennoch enttäuschend. Mit einer Mehrheit von nur acht Stimmen nahm man ihn in die Akademie als Mitglied auf.

Marie war mit der Wahl sehr zufrieden. „Wen wird es nach einem Jahr noch interessieren, wie du in die Akademie gekommen bist. Nur das Ergebnis zählt", versicherte sie ihm lächelnd, aber die Winkel ihres Mundes waren grimmig gespannt. „Glaub mir, Pierre, es wird gar nicht lange dauern, und du wirst mir zustimmen."

Er schwieg, wie so oft in den letzten Monaten.

Die Sitzungen in der Akademie besuchte er nur selten. Er hatte nicht viel Zeit, außerdem interessierten ihn die Themen wenig.

Im Juni 1905 fühlte er sich kräftig genug, um nach Stockholm zu reisen und seinen Verpflichtungen in Schweden nachzukommen. Die Fahrt dauerte vier Tage, Zwischenaufenthalte nicht gerechnet. Obwohl auch der Preis an Marie Curie gegangen war, hielt er den offiziellen Vortrag. Sie saß im Publikum und sah zu, wie der kranke Mann mit der ihm eigenen Schüchternheit über ihre gemeinsame Arbeit berichtete.

Der wohl bedeutendste Mathematiker Frankreichs, Henri Poincaré, sagte später: „In der Haltung eines geschlagenen Hundes stieg er zum Ruhm auf." Er begann seine Rede mit einer Entschuldigung wegen ihres späten Besuches „aus Gründen, die außerhalb unserer Kontrolle lagen". Er machte dann die Folgen der Entdeckung deutlich, zunächst für die Physik. Dort habe sie die grundlegenden Prinzipien der Mechanik in einschneidender Weise verändert. In der Chemie führe sie zu kühnen Hypothesen über die Quelle der Energie, welche die radioaktiven Erscheinungen hervorrufe. In der Geologie und Meteorologie sei sie ein Schlüssel zu bisher unaufgeklärten Erscheinungen. In der Biologie schließlich zeige sie die günstige Beeinflussung der Krebszellen. Er räumte sogar ein, daß „die Existenz des Atoms selbst auf dem Spiel steht", daß es also letztlich aus kleineren Bestandteilen zusammengesetzt sein könnte. Wieder hatte er Radiumproben mitgebracht, um im Laufe des Vortrags deren Eigenschaften zu zeigen.

Er beendete seine Rede mit der Sorge: „Man könnte sogar daran denken, daß das Radium in verbrecherischen Händen äußerst gefährlich werden könnte, und hier läßt sich die Frage stellen, ob die Menschheit aus dem Wissen um die Geheimnisse der Natur Nutzen zieht, ob sie bereit ist, es sinnvoll anzuwenden, oder ob dies Wissen ihr schaden wird."

Bei diesem Vortrag zeigte sich erstmals, daß die beiden Curies Anwendungen des Radiums voraussahen, die weit über den wissenschaftlichen Umgang mit dem Atom hinausgingen. Die Reinheit der Entdeckung hatte in ihren Händen gelegen. Wer aber würde für die Anwendung einstehen?

## Ein Todesfall

1906 erreichte Pierre Curies Krankheit ihren Höhepunkt. Keiner der Freunde und Kollegen konnte die Schwere der Schmerzen und Schwächen, denen er ausgesetzt war, auch nur abschätzen, da die beiden Eheleute niemand ins Vertrauen zogen.

Am 19. April hatten sich einige engere Freunde zu einer Besprechung in einem Hotel der Rive Gauche angesagt, außerdem wollte er zu seinem Verleger wegen einer wissenschaftlichen Veröffentlichung, und schließlich mußte er ins Institut de France.

Marie Curie befand sich im ersten Stock, wo sie Irène und Eve ankleidete, als er fragte, ob sie heute noch ins Laboratorium gehe.

Sie rief: „Nein, glaub' ich nicht. Hier ist zuviel Arbeit."

„In Ordnung, ich gehe dann. Vergiß nicht, daß wir heute abend Besuch bekommen. Vielleicht kannst du eine Kleinigkeit vorbereiten."

Er hörte ihre Antwort, doch er verstand in dem allgemeinen Lärm, der durch die offene Haustür drang, ihre Worte nicht. Er eilte davon. Es war ein regnerischer, trüber Tag. Die Kollegen hatten sich in einen Raum des Hotels zurückgezogen, wo sie ungestört waren. Man plauderte, lachte, diskutierte die Unfälle, die sich in den letzten Monaten in den Laboratorien ereignet hatten, und erörterte einen Plan, wie sich die Gefährdungen herabsetzen ließen.

Gegen halb drei Uhr erhob sich Pierre Curie als erster, verabschiedete sich und verließ das Hotel in Richtung Seine. Der Himmel war grau verhangen, es regnete ein wenig, darum spannte er seinen Schirm auf. Er traf den Verleger nicht an. Die Tür war verschlossen. In der Druckwerkstätte wurde gestreikt. Er setzte seinen Weg fort, erreichte die Rue Dauphine, wo ein dichter Verkehr von Trambahnen, Pferdefuhrwerken und Autos herrschte. Die Straße, keineswegs für so viele Fahrzeuge eingerichtet, war hoffnungslos verstopft. Pierre Curie, wie immer in Gedanken bei seiner Arbeit, suchte sich einen Weg durch das Gewühl der Fußgänger, bald am Rand des Gehsteigs, dann unter den Häusern, dann wieder auf der Straße selbst.

Eine Weile schritt er hinter einem langsam fahrenden geschlossenen Wagen her, den Schirm noch immer aufgespannt. An der Kreuzung der Straße und des Quais tauchte plötzlich ein schweres Fuhrwerk auf, bog in die Rue Dauphine ein. Was nun geschah, erfolgte so jählings und rasch, daß sich später niemand an die genaue Reihenfolge der Ereignisse erinnern konnte. Im letzten Augenblick mußte Pierre Curie die Gefahr erkannt haben, er suchte die Straße zu überqueren, doch er hatte die Schnelligkeit des Fuhrwerks unterschätzt und prallte gegen eines der dampfenden Pferde. In jäher Panik versuchte er, sich an die Brustriemen des Pferdes zu klammern, rutschte aus und stürzte zwischen die beiden Tiere. Eines der schweren Räder lief über seinen Kopf und zertrümmerte seinen Schädel.

Nach und nach sammelte sich eine immer größer werdende Menge um den Unfallort und schaute zu, wie sich das Blut in der Gosse mit dem Regen mischte. Trotz der schrecklichen Kopfverletzungen war das Gesicht noch gut kenntlich. Mehrere Zuschauer bestätigten später, daß den Kutscher keine Schuld treffe.

Polizisten hoben den noch warmen Körper auf. Sie ersuchten mehrere Droschken, den Toten mitzunehmen. Doch die Kutscher weigerten sich, die schmutzbedeckte, blutige Leiche in ihren Wagen zu nehmen. Die Menge beschimpfte die Kutscher und überschüttete sie mit Drohungen. Endlich brachten zwei Männer eine Bahre. Der Tote wurde daraufgelegt und zum nächsten Polizeikommissariat getragen. Einer der Beamten griff in die Jacketttasche, holte die Brieftasche hervor, und man überprüfte die Dokumente. Dabei stellte es sich heraus, daß es sich bei dem Toten um Pierre Curie, den berühmten Nobelpreisträger und Professor an der Pariser Universität, handelte.

Ein Arzt reinigte das beschmutzte Gesicht und untersuchte die klaffende Kopfwunde. Man beauftragte einen amtlichen Boten, Madame Curie vom Tod ihres Mannes zu benachrichtigen. Er klingelte an der Haustür, doch als man ihm sagte, Frau Curie sei nicht zu Hause, ging er wieder fort, ohne eine Botschaft zu hinterlassen. Man unterrichtete dann die Universität. Der Dekan der Fakultät, Paul Appell, und Professor Perrin übernahmen es nun, Marie Curie die schreckliche Botschaft zu überbringen.

Als sie an der Haustür klingelten, öffnete Doktor Eugène Curie. Die Augen des alten Mannes weiteten sich, als er die Besucher erkannte. Schweigend bedeutete er, ihm zu folgen. Seltsam verlegen wirkten die beiden Wissenschaftler. Nur mühsam entwickelte sich ein unbeholfenes Gespräch, das der alte Mann jäh unterbrach.

„Was ist geschehen?" fragte er. „Ist etwas mit meinem Sohn? Bitte, sprechen Sie."

Die Wissenschaftler hatten sich vorgenommen, zuerst Marie Curie zu unterrichten. Doch das ließ sich jetzt nicht mehr einhalten.

„Mein Sohn ist tot?"

Während die beiden die Einzelheiten des Unglücks berichteten, liefen dem alten Mann die Tränen über das Gesicht. Verstohlen wischte er sich immer wieder die faltigen Wangen. „Wie war so etwas möglich? Wie hatte das geschehen können? An was mag er da wohl wieder gedacht haben . . . ?"

Gegen sechs Uhr nachmittags drehte sich ein Schlüssel in der Haustür. Marie Curie kehrte zurück. An der respektvollen Haltung der beiden Besucher merkte sie, daß etwas geschehen sein mußte.

Sie nahm die Nachricht mit der Beherrschtheit auf, die sie lebenslang auszeichnete. Sie rührte sich nicht, sie jammerte nicht und weinte nicht. Nach langem, verstörtem Schweigen blickte sie in die bewegten Gesichter der beiden Besucher. Professor Paul Appell war Pierres ältester Kollege, und Jean Perrin war ihr nächster Nachbar und Freund.

„Und er ist wirklich tot?" hauchte sie, ohne die Einzelheiten anzuhören, die die beiden zu berichten hatten. „Ganz und gar tot?"

In das plötzliche Schweigen hinein fragte sie dann Perrin, ob dessen Frau bereit sei, sich über Nacht der Kinder anzunehmen, und als der zustimmte, wandte sie sich ab. Sie wollte allein sein.

Eine Obduktion der Leiche lehnte sie ab. Man hatte einen älteren Laborassistenten gerufen, der den Toten identifizierte. Als er den Zustand des Kopfes sah, weinte er.

Zwei Stunden später wurde die Leiche von einer Ambulanz ins Haus gebracht und in einem Zimmer des Erdgeschosses abgelegt, daneben die Gegenstände, die man in den Taschen des Toten gefunden hatte: die Schlüssel, eine Füllfeder, die Brieftasche, außerdem die Uhr, die noch tickte und deren Glas nicht zerbrochen war.

Sie war nun allein in dem Haus mit dem Toten und dem alten Schwiegervater. In ununterbrochener Folge kamen an diesem Abend Kutschen und Wagen vorüber. Der Tod des Forschers war ein Ereignis, das die Weltstadt aufwühlte. Die meisten Besucher gaben ihre Visitenkarte ab und fuhren wieder weiter. Zu ihnen gehörten auch all jene, die dem Wissenschaftler soviel Schmerz bereitet hatten, jene Gelehrten, die seine Aufnahme in die Akademie zunächst abgelehnt und dann beim zweitenmal nur mit knapper Mehrheit zugestimmt hatten.

Aber auch der Präsident der Republik und der Präsident der Nationalversammlung sowie die höchsten Repräsentanten der Pariser Universität bekundeten ihr Mitgefühl.

Während der nächsten Tage errichtete Marie Curie eine gläserne Mauer des Schweigens und der Undurchdringlichkeit um sich, die die Menge der Mitleidigen ausschloß. Alle Worte des Trostes und des Mitgefühls glitten an ihr ab. Sie schien sie nicht einmal zu hören.

Um der offiziellen Aufmerksamkeit zu entgehen, beschleunigte sie die Beisetzung. Sie lehnte alle Reden ab und bestand darauf, daß Pierre so schlicht wie nur möglich im Grab seiner Mutter in Sceaux beigesetzt werde.

Am Arm ihres Schwiegervaters folgte sie dem Sarg. Das Grab befand sich unter einem Kastanienbaum neben der Umfassungsmauer. Ihr Blick verlor auch hier nichts von seiner Starre. Als jedoch ihr Blumenstrauß gebracht wurde, hob sie ihn auf und zog die Blumen heraus, eine nach der anderen, und streute sie über den Sarg. Sie tat es langsam, in Erinnerung verloren, und schien die Anwesenden völlig vergessen zu haben, die in lautloser Ergriffenheit hinter ihr ausharrten.

Eine schwere Aufgabe stand Marie Curie noch bevor. Die Kinder mußten erfahren, was geschehen war. Das galt besonders für Irène, die mit ihren acht Jahren wahrscheinlich das Ganze schon begreifen konnte. Irène spielte im Nachbargarten mit der kleinen Alin Perrin, als die schwarzgekleidete Mutter kam, sich zu dem Kind herabbeugte und ihm sagte, daß der Vater tot sei. Irène hörte die Nachricht wortlos an und lief dann zu ihrem Spiel zurück.

Marie Curie wollte schon den Garten verlassen, als das Kind plötzlich wie in Panik hinterherrannte, weinte und in die Arme der Mutter flüchtete.

Noch Jahre danach brachte es Marie Curie nicht fertig, den Namen ihres Mannes den Kindern gegenüber zu erwähnen oder über gemeinsame Erlebnisse zu sprechen.

## *Jahre der Trauer*

Was auch geschah, nichts löste die Starre der Witwe. Mit weißem, maskenhaft strengem Gesicht schritt Marie Curie durchs Haus. Selbst der Anblick der Kinder, die um ihre Liebe bettelten, blieb ohne Echo. Bronia und ihr Bruder Josef, die eigens aus Polen angereist waren, kümmerten sich um die Mädchen. Der alte Doktor Curie, ihr

Schwiegervater, blieb ratlos. Jeder von ihnen sah, daß Marie Curie am Rande eines Nervenzusammenbruchs stand.

Ihre stärkste Stütze war Bronia, die ihr zuredete, in deren Arme sie sich immer flüchten konnte und Trost fand. Nur allmählich kehrte ihr Interesse an der Umwelt zurück. Nun arbeitete sie auch wieder im Laboratorium, manchmal bis spät in die Nacht, dann wieder ganz früh am Morgen. Sie hatte beschlossen, die Rolle zu übernehmen, die sie bisher gemeinsam getragen hatten. Während dieser Monate, in denen sie versuchte, für sich und ihre Kinder eine Zukunft aufzubauen, zweifelte sie nie daran, daß sie, wollte sie ihre Selbstachtung behalten, dies nur als Gleichberechtigte unter ihren männlichen Kollegen tun konnte. Sie machte unmißverständlich klar, daß sie Wohltätigkeiten und Vergünstigungen verabscheute.

Pierres Freunde hatten sich rasch zusammengefunden, um ihr mit einer Geldsumme zu helfen. Schroff lehnte sie ab. „Ich bin noch jung genug, um für mein Leben und für das meiner Kinder aufzukommen", entgegnete sie. Nun lag auch in ihrer Stimme wieder etwas von der früheren Entschiedenheit.

Sie besaß genügend taktisches Geschick, um auf dem allein von Männern beherrschten Gebiet der akademischen Wissenschaften bestehen zu können. Es kam zwischen ihr und der Universität zu Verhandlungen. Die Universität zeigte sich geneigt, ihr das Labor auch weiterhin zur Verfügung zu stellen. Doch unter welcher Leitung und unter welchem Titel? Welcher Professor würde die Leitung des Laboratoriums Pierre Curie übernehmen wollen?

Einen Monat nach Pierres Tod bot die Naturwissenschaftliche Fakultät Marie Curie eine außerordentliche Professur an, verbunden mit dem Lehrstuhl, der speziell für ihren Mann geschaffen worden war. Sie war damit die erste Frau in Frankreich, die den Rang eines Professors erreichte, und wurde nach zwei Jahren ordentlicher Professor. Vom 1. Mai 1906 an erhielt sie ein Gehalt von 10000 Francs und ihre eigenen Forschungsmittel, wichtiges Geld, ohne das sie nicht hoffen konnte, eine Familie und ein eigenes Labor unterhalten zu können.

Ein Freund ihres Mannes riet ihr, vor allem auf die Mengen des Radiums zu achten, die in ihrem Labor in der Rue Cuvier gelagert waren, da sie unendlich viel wertvoller als Gold seien. Der genaue Wert war nicht bekannt, aber die Preissteigerung hatte schon eingesetzt, und es erhob sich die Frage: Was würde das Radium in zwanzig Jahren wert sein? Schon damals war absehbar, daß es sich um gewaltige Summen handeln mußte und daß es mehrere Anwärter auf die Eigentumsrechte geben könnte.

Der Vorschlag des Freundes war: „Es ist unbedingt notwendig, eine Art offizielles Inventar anzulegen, vom Dekan der Universität unterschrieben, in dem ausgewiesen wird, daß die Fakultät soundso viel Radium besitzt und nicht mehr. Achten Sie darauf, daß Sie in dem Inventar nicht ihr eigenes Radium erwähnen, sonst müssen Sie womöglich davon Erbschaftssteuer zahlen. Juristisch gesprochen, gehört das Radium zum Teil Pierre, zumindest glaube ich das." Selbst wenn ihr nichts an einem persönlichen Gewinn gelegen sei, müsse sie an die Zukunft ihrer Töchter Irène und Eve denken.

Marie Curie sollte diese Warnungen nie vergessen und wachte fortan mit Argusaugen über die Nachfolgerechte ihres Radiums.

Da ihr das Haus nach dem Tode ihres Mannes unerträglich geworden war, zog sie mit den Kindern und dem Schwiegervater nach Sceaux, der kleinen Stadt, wo Pierre sie einst stolz bei seinen Eltern eingeführt hatte. Dort sah sie sich nach einem Haus mit Garten um, das auch Raum für ein polnisches Kindermädchen und den alten Doktor bot. Allerdings hatte sie jetzt täglich eine halbstündige Bahnfahrt zum Laboratorium, aber es war doch eine erträgliche Lösung für sie. Sie beschloß, den ganzen Sommer über in Sceaux zu bleiben, um sich auf ihre Vorlesungen vorzubereiten, das Material zu sichten, die Notizen ihres Mannes zu prüfen und ein Verzeichnis der wichtigsten Themen aufzustellen.

Ihre Antrittsvorlesung, die sie als erste Professorin der Sorbonne hielt, fand am 5. November 1906 statt. Marie Curie hatte als Thema die Ionentheorie der Gase angekündigt, außerdem wollte sie über Radioaktivität sprechen. Schon Tage vorher hatten die Zeitungen von diesem Ereignis berichtet. Warum war für dieses einmalige Schauspiel, das nicht nur Wissenschaftler aller Fakultäten interessierte, sondern auch Künstler, die Mitglieder der Gesellschaft und selbstverständlich die Studenten, der kleine Hörsaal ausgesucht worden, der nur gerade hundertfünfzig Hörern Platz bot? Warum konnte man bei „dieser ersten Frau unter den Meistern", wie sie eine ihrer Schülerinnen in Sèvres nannte, nicht einmal eine Ausnahme machen und den großen Hörsaal zur Verfügung stellen? Warum gab man keine Platzkarten aus?

Bereits um Mittag sammelte sich eine Menge auf der Place de la Sorbonne, obwohl die Lesung erst für 13.30 Uhr angekündigt war. Um 13.00 Uhr wurden die Türen zum Hörsaal geöffnet, mußten aber schon fünf Minuten später wieder geschlossen werden, weil der kleine amphitheatralische Saal keine Hörer mehr aufnehmen konnte. Etwa ein Dutzend Schülerinnen aus Sèvres war gekommen und hatte Plätze in der vorderen Reihe gefunden. Dann gab es die Gruppe der Studenten, Journalisten, die Schlachtenbummler, die jede Gelegenheit nutzten, um der Langeweile zu entgehen, Damen in kostbaren Nachmittagskleidern, schmuckglitzernd und unter mächtigen Hüten, Professoren, Adelige. Das Ganze glich mehr dem Parkett eines Theaters als einem Hörsaal.

Kurz vor 13.30 Uhr erhob sich Professor Paul Appell, um das erwartungsvolle Gemurmel zur Ruhe zu bringen. Madame Curie, sagte er, habe den Wunsch geäußert, daß es keine offizielle Einführung gebe. Sie wolle den Kurs ihres Mannes einfach fortführen, wo er ihn habe abbrechen müssen.

Wo immer Marie Curie in der Öffentlichkeit erschien, selbst beim Unterricht vor ihrer Mädchenklasse in Sèvres, litt sie unter ihren Nerven. Es fiel ihr zeitlebens schwer, vor einem größeren Publikum auch nur wenige Sätze zu sprechen. Das wußten alle ihre Freunde und Kollegen. Auch die Reporter hatten davon erfahren. Wie würde die Witwe heute auf dieses Publikum reagieren? Womit würde sie beginnen? Es war üblich, daß man die Leistungen seines Vorgängers würdigte. Doch hier war es der eigene Mann. Würde sie dem Minister und vielleicht auch dem Rektor der Universität danken? Vielleicht auch ein Wort an die Kollegen richten, die ihr ihre Stimme zu dieser Wahl gegeben und damit ihre Berufung erst ermöglicht hatten?

Noch einmal schwoll das Stimmengewirr an. Alle reckten die Köpfe, um sich keine Einzelheit dieser Sensation entgehen zu lassen. Jetzt öffnete sich die Tür. Eine schlanke, graziöse Frau Ende Dreißig, in einem dunklen Kleid, erschien. Das einst blonde Haar begann bereits zu ergrauen. Sie hob den Blick nicht. Ruhig, scheinbar gelassen, schritt sie zu dem langen Tisch, einige Papiere in der Hand.

Beifall brach los. Alle klatschten. Sie neigte zum Dank den Kopf, vielleicht auch nur zum Gruß. Die Hände fest auf den Tisch gestützt, auf dem zahlreiche physikalische Apparate standen, wartete sie auf das Ende des Beifalls. Jeder hatte in diesen Minuten Gelegenheit, die abgehärmte, totenblasse Frau mit dem maskenhaften Gesicht zu studieren. Schließlich begann sie mit der Lesung.

„Wenn man die Fortschritte ins Auge faßt, die die Physik seit zehn Jahren gemacht hat, ist man erstaunt über den Umschwung, der sich in unserer Auffassung über die Elektrizität und die Materie vollzogen hat ..."

Die Augen der Kollegen und Studenten waren feucht. Das war genau der Punkt, an dem ihr Mann aufgehört hatte. Mit der gleichen monotonen Stimme setzte sie an diesem Tag ihre Vorlesung fort. Sie sprach von den neuen Theorien über die Struktur der Elektrizität, über den Atomzerfall, über radioaktive Körper.

Obwohl die weitaus meisten Hörer an diesem frühen Nachmittag keinerlei Vorkenntnisse und kein Verständnis für die Sprache der Physik besaßen, waren alle Anwesenden davon überzeugt, an einem Jahrhundertereignis teilgenommen zu haben. Als Marie Curie mit leiser Stimme den letzten Satz gesprochen hatte, brachen die Zuhörer erneut in Applaus aus.

Nichts in dieser ganzen Zeit verriet die ungeheure Anspannung der beherrschten kleinen Frau. Nur wenige Beobachter sahen, wie sie öfter als jemals zuvor, die von Radiumverbrennungen gereizten Fingerspitzen aneinanderrieb und immer wieder ihre Papiere neu ordnete. Mit dem gleichen verschlossenen Gesicht, weiß wie die Decke über ihr, glitt sie wieder aus dem Raum.

Die Begeisterung der Presse kannte keine Grenzen. Die Reporter, harte, an fremdes Leid gewöhnte Burschen mit unbestechlichen Augen, brachten Berichte, wie sie kaum jemals zuvor einer Frau zuteil geworden waren.

Die Arbeit, schon immer Mittelpunkt ihres Lebens, rettete sie auch in den kommenden Monaten vor der entsetzlichen Leere, die der Tod ihres Mannes in ihr hinterlassen hatte. Mit Hilfe der finanziellen Mittel, die ihr nun zur Verfügung standen, konnte sie einen kleinen Kreis von Mitarbeitern um sich scharen. Die jungen Leute, die im Laboratorium mit ihr arbeiteten, nannten sie „la Patronne", Patronin.

Wesentlich unterstützt wurde ihre Arbeit durch den schwerreichen Amerikaner Andrew Carnegie. Er hatte Marie Curie kurz nach dem Tode ihres Mannes kennengelernt und war von ihrem einfachen Leben, ihrem Benehmen und den Zielen ihrer Arbeit so beeindruckt, daß er ihr im November 1906 telegrafisch fünfzigtausend Dollar über Paul Appell sandte, um Curie-Stipendien zu finanzieren. Sie gewann so eine Kernmannschaft, die zur Basis für eine Schule der Radioaktivität in Paris wurde.

Vielleicht war es auch von Vorteil, daß in diesen Monaten in den Leserbriefspalten der „Times" eine heftige Auseinandersetzung über die Frage entbrannt war: Ist Radium tatsächlich ein Element, oder ist es nichts weiter als eine molekulare Verbindung? Vielleicht von Blei mit fünf Helium-Atomen? Ausgelöst hatte diesen Streit, in den nach und nach alle Physiker, die in der Radiochemie Rang und Namen hatten, eingriffen, der hochberühmte Lord Kelvin.

Marie Curie erkannte sofort die Gefahr. Falls man Kelvin zustimmte, war ihre gesamte Arbeit vernichtet, an die sie mit ihrem Mann mehrere Jahre verwandt hatte. Es gab nur eine Möglichkeit, um die Behauptungen des alten Mannes und seiner Anhänger zu widerlegen: Sie mußte Radium produzieren – nicht Radiumchlorid, das sie nach ihrer Überzeugung schon besaß, sondern Radium als Metall.

Sie begann ihren Gegenschlag mit der erneuten Reinigung von Radiumchlorid und setzte ihre ganze Energie ein. 1907 konnte sie so vier Dezigramm eines Stoffes vorweisen, von dem sie nun annahm, es sei vollkommen reines Radiumchlorid. Danach machte sie sich an die Gewinnung von Polonium, das sich jenseits aller Zweifel als Element ausweisen würde. Die Schwierigkeit lag nur darin, daß die Pechblende, mit der sie so lange gearbeitet hatte, fünftausendmal weniger Polonium enthielt als Radium. Obwohl sie wußte, daß selbst eine Tonne des besten Materials, das sie bekommen konnte, nur ein paar tausendstel Gramm Polonium enthalten würde, begann sie mit seiner Gewinnung.

Der Erfolg blieb nicht aus. Es gelang ihr in Zusammenarbeit mit dem Physiker Debierne, eine Probe Poloniumsalz zu gewinnen, die fünfzigmal radioaktiver war als die entsprechende Menge Radiumsalz. Die winzige Probe reiche indes aus, um Polonium mit Hilfe des Spektrums zweifelsfrei als Element zu bestimmen.

Was ihr bei Polonium gelungen war, galt es auch für das Radium? War es wirklich ein Element? Vier Jahre nach dem Angriff von Kelvin, der inzwischen verstorben war und sie mit seiner Behauptung tief getroffen hatte, konnte sie eine winzig kleine, aber dennoch wahrnehmbare Menge eines weißschimmernden festen Stoffes gewinnen – Radium. Sie bewies, daß es mit absoluter Sicherheit ein Metall war, und maß seinen Schmelzpunkt: ungefähr 700 Grad Celsius.

Damit hatte sie auch die letzten Zweifler zum Verstummen gebracht. Radium war, was sie seit zwölf Jahren behauptete, ein Element. „Es gab beträchtliche Schwierigkeiten", so faßte sie später mit der ihr eigenen Untertreibung ihre Arbeit zusammen.

Bei diesen Erfolgen konnte es nicht ausbleiben, daß Marie Curies Ruf in der Gelehrtenwelt wuchs. Anders als ihr Mann, der das Pariser Quartier Latin gar nicht oder nur sehr widerstrebend verlassen hatte, schickte sie sich an, einen besonderen Rang in jener internationalen Gruppe von Physikern und Chemikern einzunehmen. Eine Rolle spielte dabei auch, daß das Radium zunehmend an Bedeutung gewann. Für jeden Forscher, der Messungen mit Radium durchführte, war es wichtig, den Grad der Reinheit seines Stoffes zu kennen, mit dem er gerade arbeitete. Auch Krankenhäuser, die Radium gegen Krebs einsetzten, konnten ihre Behandlung nur mit Hoffnung auf Erfolg durchführen, wenn sie die Radiummessungen und die Mengen, die sie den Tumoren zuführten, genau kannten.

Man kam überein, daß Marie Curie aufgrund ihrer besonderen Erfahrungen und Kenntnisse ein Kontrollmaß herstellen sollte: den ersten internationalen Standard. Das tat sie 1911. Sie verschloß dann mit eigenen Händen die Glasröhre mit den einundzwanzig Milligramm reinem Radiumchlorid, dessen Gewicht sie in mühseliger Arbeit errechnet hatte. Das dünne Röhrchen von ein paar Zentimeter Länge wurde im Internationalen Büro für Maße und Gewichte in Sèvres hinterlegt.

Zur gleichen Zeit richtete sie in ihrem Laboratorium einen Messungsdienst ein, wo Wissenschaftler, Ärzte und auch interessierte Laien radioaktive Substanzen kontrollieren lassen konnten. Sie erhielten dann eine Bescheinigung über deren Radiumgehalt ausgestellt.

## Erfolge – Enttäuschungen

Am 8. November 1911 bekam Marie Curie ein Telegramm, von dem sie zunächst annahm, es enthalte die Bitte um ein Interview. Doch es war in Stockholm aufgegeben, und die eigentliche Nachricht entsprach im Wortlaut fast der, die sie zusammen mit ihrem Mann acht Jahre zuvor erhalten hatte.

Die Königlich Schwedische Akademie der Wissenschaften hatte ihr in Anerkennung der hervorragenden wissenschaftlichen Arbeit, die sie seit dem Tode ihres Mannes geleistet hatte, den Nobelpreis für Chemie zugesprochen.

Das war die bedeutendste Anerkennung, die irgendein Wissenschaftler im 20. Jahrhundert erhalten hatte. Sie war damit die erste Person – nicht nur die erste Frau –, die mit zwei Nobelpreisen der Naturwissenschaften ausgezeichnet wurde. Ein wunderbarer und unwahrscheinlicher Erfolg!

Da Marie Curie sich schwach und leidend fühlte, bat sie ihre Schwester Bronia, mit ihr nach Schweden zu reisen. Außerdem nahm sie ihre älteste Tochter Irène mit. Irène war damals vierzehn Jahre alt. Vierundzwanzig Jahre später sollte sie in dem gleichen Saal den gleichen Preis in Empfang nehmen.

Trotz ihres geschwächten Zustandes überstand Marie Curie die Zeremonien mit Würde. Sechs Jahre zuvor hatte sie zugehört, wie ihr Mann die Rede hielt, mit der er den Preis entgegennahm, der zugleich auch ihr verliehen worden war. Jetzt hielt sie ihre eigene Rede. Sie war sorgfältig formuliert und hinterließ bei den Zuhörern keinen Zweifel darüber, was jeder zur gemeinsamen Arbeit beigetragen hatte.

Sie begann: „Es liegt mir daran, ehe ich mich dem Thema meines Vortrags zuwende, Ihnen in Erinnerung zu rufen, daß das Radium und das Polonium von Pierre Curie in Zusammenarbeit mit mir entdeckt wurde. Wir verdanken Pierre Curie auch die grundlegenden Untersuchungen auf dem Gebiet der Radioaktivität, die er teils allein, teils in Zusammenarbeit mit mir, teils auch in Zusammenarbeit mit seinen Assistenten durchgeführt hat.

Die chemische Arbeit, die zum Ziel führte, das Radium im Zustand eines reinen Salzes isoliert darzustellen und als ein neues Element zu bestimmen, ist im besonderen von mir durchgeführt worden, ist aber untrennbar mit der gemeinsamen Arbeit verbunden. Ich glaube, die Absicht der Akademie der Wissenschaften richtig auszulegen, wenn ich annehme, daß die hohe Auszeichnung, deren ich teilhaftig werde, dieser gemeinsamen Arbeit gilt und so auch eine Ehrung des Andenkens Pierre Curies darstellt . . .“

In wenigen Sätzen machte sie allen Anwesenden im Saal deutlich, welche Leistungen sie für sich selbst beanspruchte – und zwar allein für sich selbst. Man hatte ihr gelegentlich vorgeworfen, daß sie nur durch das Genie ihres Mannes zu Ruhm und Erfolg gekommen sei. Darum nutzte sie die Gelegenheit, um der Welt klarzumachen, was ihr selbst gehörte. So sprach sie von „ihrem Gegenstand“ als dem, „den ich Radioaktivität genannt habe“, und sprach weiter von „meiner Hypothese, daß die Radioaktivität eine Eigenschaft des Atoms ist“. Ebenso erinnerte sie daran, daß die Entdeckung von Radium und

Polonium nicht allein die Leistung ihres Mannes, sondern eine Gemeinschaftsarbeit war, an der sie den gleichen Anteil trug.

Die Anstrengungen von Stockholm erschöpften sie in starkem Maße. Ursprünglich hatte sie geplant, Ende des Jahres eine Wohnung in der Stadt zu mieten, um so den Strapazen der langen Fahrt zu entgehen. Doch daran war jetzt nicht zu denken. Am 29. Dezember wurde sie auf einer Bahre in eine Privatklinik gebracht, eine Frau an der äußersten Grenze ihrer Belastbarkeit.

Die Ärzte stellten eine Entzündung des Harnleiters fest, dazu heftige Fieberanfälle. Ob sich eines dieser Leiden auf die Strahlungen des Radiums zurückführen ließ, blieb ungewiß. Als sich ihr Zustand weiter verschlechterte, durften selbst die Kinder sie nicht mehr besuchen. Erst Ende Januar konnte sie wieder nach Hause. Doch es kam in den nächsten Monaten mehrfach zu Rückschlägen. Im März nahm sie ihre Arbeit wieder auf – zu früh. Vier Wochen später mußte sie sich einer Nierenoperation unterziehen. Ende Juni brachte man sie in ein Sanatorium in den Bergen Savoyens. Erst im Dezember konnte sie, wie ihr Tagebuch ausweist, ihre Forschungen im alten Umfang fortsetzen.

Mit ihrem gefestigten Gesundheitszustand wuchs auch ihr Selbstvertrauen. Im Herbst 1913 reiste sie zu einer Sitzung der British Association nach Birmingham und nahm die Ehrendoktorwürde der Universität entgegen. „Sie zogen mir eine wundervolle rote Robe mit grünem Besatz an", schrieb sie ihrer Tochter Irène, „und dasselbe geschah meinen Leidensgenossen, will sagen, den anderen Wissenschaftlern, die die Doktorwürde erhielten". Ein Freund Rutherfords, der an den Feierlichkeiten teilnahm, beschrieb Marie Curie: „. . . scheu, distanziert, selbstbeherrscht und vornehm; jedermann wollte sie treffen, aber nur wenige hatten Erfolg."

Weitere Ehrungen folgten.

Immer wieder berichteten die Zeitungen von aufsehenerregenden Heilungen, und Marie Curies Anteil an der Entdeckung des Radiums, des „Wundermittels", trug viel zu ihrem internationalen Ruhm bei. Das galt auch für Polen. Seit der Revolution von 1905 hatte das zaristische Rußland erhebliche Zugeständnisse an die Freiheit des Denkens gemacht. So kam es, daß man ihr die Würde eines Ehrendirektors des Warschauer Instituts für Radiumforschung anbot, um sie für immer in ihr Vaterland zurückzuholen.

Schon im Mai 1912 war eine Abordnung polnischer Professoren nach Paris gekommen, um sie für eine Rückkehr nach Polen zu gewinnen – unter ihnen auch der Dichter Henryk Sienkiewicz, wie sie Nobelpreisträger und seit seinem Roman „Quo vadis" der bekannteste Schriftsteller Polens. Die endgültige Rückkehr lehnte sie ab. Ihre Töchter waren Französinnen; außerdem war die Errichtung eines Laboratoriums in Paris seit 1909 eine beschlossene Sache. Doch sie nahm die Einladung an, zur Errichtung des Warschauer Instituts in die alte Heimat zu kommen, und reiste im November 1913 zu den Eröffnungsfeierlichkeiten nach Polen.

Während Marie Curie einige Begrüßungsworte auf dem Bankett sprach, das man ihr zu Ehren gab, fühlte sie besonders ein Augenpaar auf sich gerichtet – weit geöffnet, zwingend, seltsam leuchtend. Die weißhaarige Zuhörerin wandte nicht den Kopf. Dann sah Marie Curie, daß der Tisch mit mehreren alten Frauen besetzt war – vereinsamt, stumm, von niemand sonst beachtet, saßen sie beieinander. Auch ihre Kleidung war ärmlich. Wahrscheinlich bezogen sie ein bescheidenes Ruhegeld, oder sie hatten ein kleines Einkommen, das nur gerade ihren Unterhalt deckte.

Doch dieses Gesicht! Wer konnte das sein? Während noch der Applaus andauerte, mußte sie wieder auf die alte, weißhaarige Frau blicken. Ihre Augen begegneten sich, und plötzlich wußte Marie Curie, woher sie diese

Frau kannte. Jähe Freude erfüllte sie. Ohne sich um die Umsitzenden zu kümmern, drängte sie sich an den blumengeschmückten Tischen vorbei und umarmte die Lehrerin.

„Mania . . .", flüsterte die alte Frau, „du hast mich also doch noch erkannt . . . Daß ich das noch erleben darf!"

Marie Curie küßte Fräulein Sikorska auf die welken Wangen. „Ich bin ja so froh, daß Sie gekommen sind! Nein, so etwas . . . Das ist ja wunderbar."

„O Mania! Damals hattest du noch Zöpfe! Blonde Zöpfe! . . . Weißt du, daß du meine beste Schülerin warst? Die beste in mehr als vierzig Jahren. Gott segne dich, mein Kind!"

Die Tränen liefen der alten Frau über die Wangen, während die Anwesenden begeistert applaudierten.

Im Jahre 1912 kam dann zwischen dem Pasteur-Institut und der Pariser Universität ein Abkommen zustande, nach dem ein neues, einzig der wissenschaftlichen Erforschung der Radioaktivität gewidmetes Institut entstehen sollte. Zwei Abteilungen waren vorgesehen, die eine für physikalische und chemische Forschung unter Professor Marie Curie, unterhalten von der Universität mit Hilfe von Regierungsgeldern; die andere war für die biologische und medizinische Forschung bestimmt. Sie wurde vom Pasteur-Institut getragen.

Von der ersten Vorplanung an saß Marie Curie neben dem Architekten oder schaute ihm über die Schulter. Gegen ihren Willen geschah nichts. Ständig war sie unterwegs zwischen ihrem Laboratorium und dem Bauplatz. Das Institut, das hier entstand, sollte in den nächsten dreißig, in den nächsten fünfzig Jahren noch allen wissenschaftlichen Ansprüchen genügen. Sie verlangte große, weite Räume, Fenster, die den Laboratorien ausreichend Licht brachten, sonnenüberflutete Experimentiersäle, dazu einen Aufzug. Mit jedem Beteiligten, vom Universitätsbeamten bis hin zum Maurer, kletterte sie über Gerüste und Backsteinhaufen, watete sie mit geschürztem Kleid an Kiesgruben und Regenpfützen vorbei. Weder Kälte noch Regen konnten sie schrecken. Nichts haßte sie so sehr wie schlampige Arbeit. Sie konnte bei Menschen Fehler und Irrtümer übersehen; sie konnte Schwächen und Unzulänglichkeiten entschuldigen. Aber eine schlampige Arbeit konnte und wollte sie nicht dulden, denn dafür gab es keine Entschuldigung. Sie sah darin einen Mangel an Ehrlichkeit und Charakter.

Während des Winters 1913/14 fand jede Woche eine Besprechung vor Ort mit Architekten, Vertragspartnern, Technikern und Handwerksmeistern statt. Und stets wurde die kleine Truppe, die sich ihren Weg über den riesigen Bauplatz bahnte, von der zierlichen Frau in dem schwarzen Kleid und einem Mantel darüber angeführt. Niemand zweifelte daran, wer hier die Leitung hatte. Alle Männer hörten zu und gehorchten ihren Vorschlägen, die zwar nicht als Befehle formuliert wurden, aber doch nichts anderes waren.

Arbeit war der Inhalt ihres Lebens. Sie bewahrte sie vor der Leere und Hohlheit, wie man sie bei so vielen Frauen ihres Alters fand. Arbeit war ihre Rettung: Sie beschützte sie vor sich selbst und verband ihr Leben mit einer höheren Idee, die über alle egoistischen Eitelkeiten erhaben war.

Am letzten Tag des Juli 1914 war das Institut bezugsfertig. Doch am 2. August war ein ältlicher Laborassistent der einzige Mann, der ihr in dem leeren Gebäude zur Verfügung stand. Ihn allein hatte man nicht für den Kriegsdienst mobilisiert.

# Der Erste Weltkrieg

Schon bald gingen Gerüchte um, die Regierung wolle von Paris nach Bordeaux übersiedeln. Marie Curie beschloß, in der Hauptstadt zu bleiben. Ihre beiden Töchter waren mit der Gouvernante in der Bretagne. Für sie bestand keine Gefahr. Aber was sollte sie selbst tun? Den Gedanken, wie so viele andere Pflegerin zu werden, schob sie beiseite. Da war ihr Radiumvorrat! Sie mußte ihn in Sicherheit bringen.

In einem der überfüllten Züge fuhr sie nach Bordeaux. Das kostbare Metall hatte sie durch einen zwanzig Kilogramm schweren Bleimantel geschützt. Im Abteil spürte sie ständig die Blicke der Mitreisenden, die ihre unhandliche Tasche mißtrauisch gemacht hatte. Ohne fremde Hilfe konnte Marie Curie sie nicht einmal anheben.

Der Zug brauchte unendlich lange. Immer wieder hielt er auf freier Strecke, um Militärtransporte vorüberzulassen, die zur Front wollten. In Bordeaux half ihr ein Regierungsbeamter, ein Hotel zu finden. Dort übernachtete sie, das Radium in dem Bleimantel neben dem Bett. Am nächsten Tag deponierte sie es in einem Banktresor und fuhr mit einem Militärzug nach Paris zurück.

Im Gegensatz zu vielen Kollegen war sie von Anfang an der Überzeugung, daß dieser Krieg lange dauern würde und darum die Verwundetenzahlen rasch wachsen müßten. Auch die Verletzungen durch die neuen Waffen ließen sich nicht mit denen früherer Kriege vergleichen. Ihre eigenen Arbeiten konnte sie in der Praxis kaum verwenden. Anders verhielt es sich mit den Röntgenstrahlen. Hier sah sie eine Möglichkeit, echte Hilfe zu leisten. Durch sie ließen sich Gewehrkugeln, Brüche und Granatsplitter genau lokalisieren. Ihre Forschungen hatten ihr zwar nie die Zeit gelassen, sich intensiv mit Röntgenstrahlen zu befassen, aber sie hatte immerhin soviel darüber gelesen, daß sie sich einigermaßen orientiert fühlte.

Was man jetzt überall an der Front brauchte, waren Röntgenstationen, und sie mußten beweglich sein.

Innerhalb von zehn Tagen beschaffte sie sich die Ermächtigung des Kriegsministeriums, um Techniker für diese Untersuchungen ausbilden zu dürfen. Sie stellte ein Verzeichnis der verfügbaren Apparate auf, besuchte die Hersteller von tragbaren Röntgenapparaten, von Dynamos und Induktoren, bat um Geld bei den reichen Familien der Stadt. Wo sie es machen konnte, ließ sie physikalische Apparaturen aus den leerstehenden Laboratorien beschlagnahmen. Auch die Krankenhäuser gewann sie zur Mitarbeit, in dem sie die Chefs bewog, auf einen Teil des ausgebildeten Röntgenpersonals zu verzichten. Autohersteller überredete sie, die Chassis, die sie sich erbettelt hatte, in brauchbare Lastwagen umzubauen.

Ihre Tochter Irène kam Anfang Oktober nach Paris, als die Arbeiten an dem ersten Röntgenauto bereits im Gange waren, das dann Ende des Monats an die Front fuhr. Es enthielt einen Dynamo für 110 Volt, 15 Ampere, einen Röntgenapparat, eine fotografische Ausrüstung, dazu Vorhänge und Handschuhe, um die Mannschaft vor den Röntgenstrahlen zu schützen.

Das Fahrzeug fuhr nicht schneller als fünfzig Stundenkilometer, selbst auf gut ausgebauten Straßen, was bedeutete, daß jede Verlegung des Standorts für alle Insassen entsetzlich langweilig und unbequem war. Zu ihnen gehörten Marie Curie, ein Arzt, zwei Assistenten, darunter Irène, ein Mechaniker und der Fahrer.

Bisher hatte der Krieg sie nur mit Verwaltungsarbeit konfrontiert, nun sah sie auch zum erstenmal die Opfer: junge Soldaten, die kaum älter waren als ihre Tochter, viele mit schrecklichen Verletzungen – Granatsplittern in den Händen, Kugeln in den Beinen, Verwundungen in den Gesäßbacken, in den Schultern, im Gesicht. Wie seit langem gewohnt, notierte Marie Curie jeden Fall in ihrem Notizbuch mit allen Einzelheiten. Schon am ersten Tag hatte sie es mit dreißig Untersuchungen zu tun.

Das Auto fuhr von Feldlazarett zu Feldlazarett. Die Zahlen stiegen unentwegt, sie erreichten viele Hunderte. Daneben schaffte Marie Curie es, mehr als zweihundert solcher Röntgenautos auf die Straße zu schicken. Irène, noch nicht einmal achtzehn, lernte unter der Anleitung der Mutter. Sie sah hier nicht nur die technischen Einzelheiten der Röntgenbehandlung, wie sie die Mutter anwandte, sondern lernte auch deren Art der Menschenbehandlung. Dabei war Irène robust genug, um diese schwierigen Untersuchungen auch ohne mütterliche Hilfe durchzuführen und ihre Meinung sogar gegen den Einspruch der Militärärzte durchzusetzen, von denen mancher ihr Großvater hätte sein können.

Marie Curie, die ihre Tochter mit unbestechlicher Schärfe beobachtete, gewann schon nach wenigen Monaten die Überzeugung, daß diese auch ohne sie an der Front bestehen könne. Und sie ließ Irène dort, während sie einen anderen Einsatz annahm.

Anfang 1915 trat man mit der Bitte an Marie Curie heran, ihren Namen für Spendenaufrufe in den Zeitungen zur Verfügung zu stellen. Man sammelte für Lazarette und Krankenhäuser. Ihr Name besaß jetzt einen geradezu magischen Klang. 1916 erkannte sie, daß der Mangel an ausgebildetem Röntgenpersonal von Monat zu Monat größer wurde. Wer sollte eine solche Schulung übernehmen? Wieder in Paris, beschloß sie, in ihrem Radiuminstitut eine Röntgenschule einzurichten, um dort junge Frauen in die grundlegenden Techniken einzuführen. Nicht genug damit, machte sie sich selbst daran, Mädchen, die ihr befähigt schienen, zu dieser Ausbildung zu überreden. So bildete sie in den nächsten zwei Jahren hundertfünfzig junge Frauen in den Grundlagen der Mathematik, der Physik und Anatomie aus, die danach an die Front gingen. Zwei Monate beschäftigte sie diese Schülerinnen vom Morgen bis in den Abend hinein. Als ihr die Arbeit schließlich zu schwer wurde, holte sie ihre Tochter von der Front.

Zwischen ihren Lehrgängen und den einzelnen Inspektionsreisen in die Kriegsgebiete, auf die sie nicht verzichten wollte, beschäftigte sie sich immer wieder mit der Frage, wie auch das Radium als Heilquelle genutzt werden könne. Es gab schon einige aufsehenerregende Erfolge bei der Behandlung bösartiger Tumore. 1915 war Radium verwendet worden, um Narbengewebe, schlimme Fälle von Arthritis, Nervenentzündungen und ähnliche Beschwerden zu behandeln.

Marie Curie hatte inzwischen ihr Radium aus Bordeaux zurückgeholt und in ihrem eigenen Institut untergebracht. Nun richtete sie ohne Hilfe den ersten Radiumtherapiedienst ein. Denn auch ihre Freunde und Kollegen aus dem Physikalischen Institut standen im Kriegseinsatz: Einer war zur nationalen Verteidigungsforschung versetzt und arbeitete an einem Projekt, bei dem Echos benutzt werden sollten, um feindliche Flugzeuge in der Nacht zu lokalisieren; ein anderer arbeitete an der Aufspürung von Unterseebooten durch Ultraschall; ein dritter war mit der chemischen Kriegsführung befaßt.

Die letzte Kriegshilfe ihres Röntgenautos bestand darin, einen Granatsplitter in der linken Schulter eines verwundeten Soldaten zu orten. Es war der 948. Fall. Die Gesamtzahl der Verwundeten, die allein zwischen 1917 und 1918 durch die Dunkelkammern der Röntgenstationen gegangen waren, betrug mehr als eine Million.

## Die Reise nach Amerika

Die Sekretärin öffnete die Tür von Marie Curies Arbeitszimmer nur halb und behielt sie in der Hand. Die Besucherin reichte ihre Visitenkarte, und die Sekretärin warf einen flüchtigen Blick darauf.

„Madame empfängt nur dienstags und freitags, und sie

145

diskutiert nur wissenschaftliche Themen." Die Sekretärin, an unerwünschte Besucher gewöhnt, vor allem an Journalisten, die nach einer Story suchten, sprach ruhig, geläufig, mit kühl-spröder Höflichkeit. „Sie unterhält sich nicht über persönliche Fragen, nicht über ihr Leben und nicht über ihren Geschmack."

Marie Curie hob den Kopf von den Papieren, die sie gerade las. „Wer will mich sprechen?"

„Moment bitte", sagte die Sekretärin und schloß die Tür. „Irgend so eine Ausländerin. Ich verstehe sie schlecht." Sie blickte auf die Visitenkarte. „Marie Mattingley Meloney – klingt amerikanisch . . ."

„Sie können die Dame ruhig hereinlassen. Ich bin informiert."

„Ich danke Ihnen sehr herzlich, Madame, daß Sie mich empfangen."

Die Journalistin lächelte. Sie war kaum mittelgroß. Vielleicht trug sie deshalb einen Hut; aber selbst damit reichte sie Marie Curie nur gerade bis zu den Augenbrauen. Sie war schwarzhaarig und hinkte ein wenig – Folgen eines Reitunfalls, wie sie später gestand.

„Ich habe schon ein paarmal versucht, Sie zu treffen. Bisher immer vergeblich. Aber ich habe Verständnis dafür, daß Sie nicht jeden Neugierigen empfangen können." Marie Meloney sprach Englisch mit starkem amerikanischem Einschlag.

„Bitte nehmen Sie doch Platz." Marie Curie deutete auf den Stuhl vor sich.

Ihr Büro war einfach eingerichtet. Es enthielt nur einen Schreibtisch, mehrere Stühle, drei Bücherregale. Auf dem Schreibtisch vor ihr lagen Federhalter, ein Brillenetui und ein Rechenschieber. Es gab keine Bilder, keine wertvollen Tapeten, keinen Teppich, nur Dinge, die einen direkten Bezug zu ihrer Arbeit hatten. So hielt sie es ihr ganzes Leben.

Marie Curie eröffnete das Gespräch. „Sie sind mir von Monsieur Roche, den ich sehr schätze, empfohlen worden. Sie wissen, daß ich persönliche und private Themen vermeide ... Also, womit kann ich Ihnen helfen?"

„Ich komme gerade aus England, wo ich Herbert George Wells und Bertrand Russel kennengelernt habe." Die Besucherin beugte sich vor und sagte eilig, als fürchtete sie, wieder an die Luft gesetzt zu werden: „Wissen Sie, ich arbeite für ‚The Delineator' – Sie würden sagen ‚Den Beschreiber' –, ein amerikanisches Magazin, das in New York erscheint. Ich berichte darin über berühmte Leute, gleichgültig, was sie tun und wo sie wohnen."

„Und dabei dachten Sie auch an mich?" fragte Marie Curie mit dem Anflug eines Lächelns. „Sehr schmeichelhaft."

„Oh, das ist es nicht. Gewiß nicht! Wir sind sehr gut über Sie informiert. Immer wieder erscheinen bei uns Berichte über Sie. So ist uns auch bekannt, daß Sie in den beiden letzten Kriegsjahren amerikanischen Soldaten Grundkurse über Radioaktivität erteilten ... Sie wissen es vielleicht nicht, aber Sie sind in den USA eher noch berühmter als hier in Frankreich", stellte sie mit ruhiger Sachlichkeit fest. „Ich habe mir erlaubt, einmal Ihr Institut anzusehen, während ich auf dieses Gespräch hoffte. Also, was ich entdeckte, das war mehr als bescheiden. Das Geld kommt doch von der Regierung, nehme ich an. Ist denn da keiner, der Verstand genug hat, Ihre Forschungen zu unterstützen?"

„Verstand vielleicht, aber nicht die Mittel, wie es aussieht", sagte Marie Curie leise. „Ich habe vor langer Zeit einen wunderschönen, geradezu trostvollen Brief vom Direktor für ‚Wissenschaftliche, Industrielle und Technologische Forschung' bekommen, in dem er mir erklärt, daß Wissenschaft und Industrie künftig gemeinsam marschieren müßten. Er teilte mir darin auch mit, daß seine Behörde – und jetzt wörtlich – ‚jeden notwendigen Kredit zur Verfügung stellen werde, um unerläßliche Apparate und andere Mittel anzuschaffen'." Sie hob den Blick. „Und dabei ist es dann auch bis heute geblieben."

„Oh, wie schade, daß ich nicht solche Briefe bekomme!" rief Marie Meloney. „Was meinen Sie, wie ich dem alten Knaben Beine gemacht hätte! Ich gebe Ihnen mein Wort, er wäre persönlich hierhergekommen, um zu fragen, was Ihnen fehlt." Sie lachte, ein helles, mädchenhaftes Lachen. „Wissen Sie, Sprüche reißen und dann nichts tun – auf solche Leute bin ich spezialisiert."

Marie Curie berichtete weiter, während sie, ohne sich dessen bewußt zu sein, die vom Radium angegriffenen Fingerspitzen am Handballen der anderen Hand rieb. „Im März 1920 habe ich an alle Stellen, die mir einfielen, geschrieben. Ich bat um Materialien, die aus dem Krieg noch übriggeblieben waren – Coolidge-Röhren, Amperemeter, Voltmeter, Elektromotoren, Schreibmaschinen, Tische, Stühle ... Ich habe gar nicht erst versucht, sie geschenkt zu erhalten. Ich wollte nur einen günstigen Preis. Als es um zwei ehemalige Regierungsfahrzeuge ging – Lastwagen für die Zwecke des Laboratoriums –, schrieb ich an den Finanzminister, er möchte mir doch zu einem erträglichen Preis verhelfen. Ich erinnerte ihn bei dieser Gelegenheit daran, daß schließlich ich es war, die eine ganze Karawane von Röntgenautos ausgerüstet hatte, davon allein zwanzig ohne jede Regierungsunterstützung."

„Und haben Sie die Lastwagen bekommen?" fragte Marie Meloney begierig.

„Die Frage werde noch geprüft, teilte man mir mit. Es sei noch nichts entschieden."

„Was Sie nicht sagen! Köstlich! Einfach köstlich! ... Und wahrscheinlich wird es auch in diesem und im kommenden Jahrzehnt nicht entschieden." Ein Unterton von grimmigem Humor schwang in ihrer Stimme. „Aber so ist das nun einmal! Wenn denen das Wasser bis zum Halse steht, reagieren sie wie Menschen. Ist die Gefahr vorbei, sind sie wieder die unerreichbaren Götter. Das kenne ich. Aber nicht bei mir, glauben Sie mir das. Ich habe schon vielen Beine gemacht."

Was zunächst wahrscheinlich keine der beiden Frauen für möglich gehalten hätte, geschah: Sie fanden einander sympathisch; vor allem die kleine quirlige Amerikanerin, die ihre gute Südstaatenerziehung nur gelegentlich durchblicken ließ, war sehr schnell angetan von ihrer Gesprächspartnerin. In der Beschreibung stellte sie später fest: „Ich sah eine blasse, schüchterne Frau in einem schwarzen Baumwollkleid, mit dem traurigsten Gesicht, das mir je begegnet ist. Ihre wohlgeformten Hände waren rauh. Ich bemerkte die charakteristische Angewohnheit, rasch die Fingerspitzen am Handballen zu reiben."

Doch auch Marie Curie überwand ihr angeborenes Mißtrauen bald. Man einigte sich auf eine weitere Begegnung, diesmal im Hause von Marie Curie am Quai de Béthune.

Tief beeindruckt war Marie Meloney von der Tatsache, daß ihr die doppelte Nobelpreisträgerin selbst die Tür öffnete, weil sie sich offensichtlich kein Dienstmädchen leisten konnte.

Die Amerikanerin war eine angesehene Journalistin in den Staaten, wagemutig, mit einem Blick für das Wesentliche und unbestechlich. Bereits mit sechzehn Jahren hatte sie eine Reihe von Interviews mit angesehenen Politikern gemacht. Zu einer Zeit, da weibliche Reporter noch etwas Außergewöhnliches waren, war sie Chef des Büros der Denver Post in Washington geworden. Seither waren zwanzig Jahre vergangen. Sie war jetzt neununddreißig, und ihre Reportagen wurden in den Staaten von der West- bis zur Ostküste geschätzt.

„Wieviel Gramm Radium besitzen Sie, Madame?" fragte sie.

„Ich besitze gar keines. Mein Institut hält etwa ein Gramm in Verwahrung."

„Und Frankreich?"

„Ebendieses Gramm. Aber ich muß noch einmal klarstellen, es gehört mir nicht persönlich."

„Das ist doch nicht zu fassen!" rief Marie Meloney.

„Sie entdecken das Radium mit Ihrem Mann – und nichts davon ist mehr da."

„Sie vergessen den Krieg", sagte Marie Curie ruhig. „Aber ich muß gestehen, viel mehr hatten wir vorher auch nicht."

Marie Meloney nippte an ihrem Tee. „Wissen Sie eigentlich, wieviel Amerika hat?"

„Ich denke schon. Fünfzig Gramm", sagte Marie Curie, „vier Gramm in Baltimore, sechs in Denver, sieben in New York ..." Sie setzte die Aufzählung fort, und die Journalistin blickte verblüfft auf die Physikerin.

„Das wissen Sie alles?"

„Wenn man sich seit Jahren Tag um Tag damit beschäftigt, weiß man so etwas eben." Ein Lächeln huschte um ihre Mundwinkel. „Ein Kunsthistoriker, der sich seit zwanzig Jahren oder mehr mit Rubens oder Rembrandt beschäftigt, kann Ihnen auch sagen, wie viele Bilder man von ihnen kennt und in welchen Museen sie hängen."

„Da sind Ihnen ja ungeheure Werte entgangen – die Einnahme von Patenten, Einnahmen durch den Verkauf von Radium und was da noch alles dazugehört."

„Radium ist ein Element. Es gehört der ganzen Welt. Es sollte niemand bereichern."

„Ich verstehe Sie; aber leider denken viele nicht so. Für sie ist der Handel mit Radium ein Geschäft wie jedes andere. Wir müssen die Welt nehmen, wie sie ist." Vom eifrigen Sprechen gerötet, nippte sie wieder an dem Tee. „Wenn Sie sich etwas wünschen dürften wie im Märchen – etwas, dessen Besitz Ihnen Freude machte –, welchen Wunsch hätten Sie? ... Ich weiß natürlich, daß das eine törichte Frage ist, aber vielleicht können Sie doch darauf antworten."

Marie Curie überdachte die Frage. Sie schwieg und blickte auf ihre Hände. Die Nachmittagssonne tauchte ihr Gesicht in ein verblassendes Licht. „Ich weiß nicht recht", murmelte sie. „Wahrscheinlich würde ich mir ein Gramm Radium wünschen ... Es ließe sich so viel Gutes damit tun. Aber Radium ist einfach zu teuer. Ich werde es mir nie anschaffen können."

„Wie teuer ist es wirklich?"

„Hunderttausend Dollar."

„Hunderttausend Dollar für ein Gramm Radium! Das ist natürlich eine Menge Geld – aber keineswegs unerreichbar." Sie sprang auf die Füße, ging im Zimmer auf und ab, das leichte Hinken im Schritt. „Ich werde einen Bericht über Sie schreiben", versicherte sie in jäher Begeisterung. „Ich werde einen Beitrag verfassen, der Sie dem großen amerikanischen Publikum vorstellt. Etwa so: Sie hat zum Fortschritt der Wissenschaft und zur Linderung des menschlichen Leids beigetragen. Doch auf der Höhe ihres Lebens fehlt ihr das Handwerkszeug, das sie braucht, um weitere Beweise ihres Genies zu erbringen. Wer könnte hier abseits bleiben! . . ." Sie sah die gedruckten Worte vor sich, dazu ein paar Bilder. Daraus ließe sich eine gute Story machen.

Minuten später eilte sie davon. Doch es kam schon bald zu weiteren Besuchen, und stets war die kleine Journalistin aufs neue gerührt, wenn Marie Curie selbst die Tür öffnete. Jede kleine Entdeckung dieser Art bestärkte sie in ihren Plänen. Sie würde etwas für diese stille Frau tun.

Zunächst wollte sie mit einer publikumswirksamen Lebensgeschichte beginnen. Darauf verstand sie sich. Das hatte sie schon öfter gemacht, wenn auch nicht in dieser Größenordnung. Sie würde das Geld beschaffen, wenn, ja, wenn Marie Curie mithielt.

„Das Leben ist für mich ein Draht unter Hochspannung geworden, den ich nicht mehr loslassen kann", erklärte sie Marie Curie voller Eifer. „Aber ich brauche Ihre Mithilfe! Sie müssen zum Generator werden, der das Gewissen der wohlhabenden Leute treibt." Sie lachte plötzlich. „Was halten Sie von diesem Vergleich?"

Marie Curie lächelte. „Darauf wäre kein Physiker gekommen. Aber einen Draht unter Hochspannung sollten Sie lieber nicht anfassen."

„Zehn wirklich reiche amerikanische Frauen – wenn wir die gewinnen, dann haben Sie Ihr Radium. Da bin ich sicher. Das Ganze läßt sich aber nur unter einer Bedingung verwirklichen."

„Woran denken Sie?"

„Sie müssen nach Amerika kommen."

„Das wird nicht einfach sein. Ich habe hier meine Arbeit, außerdem habe ich zwei Kinder, die mich brauchen . . . Ich kann darauf heute keine Antwort geben. Das müssen Sie verstehen."

„Verstehe ich. Lassen Sie es sich in Ruhe durch den Kopf gehen. Noch eilt es nicht."

Marie Curie konnte nur schwer Beziehungen zu fremden Menschen aufbauen. Doch diesmal hatte sie den Eindruck, sie könne dieser Amerikanerin vertrauen. Trotz der so gegensätzlichen Persönlichkeiten kam es zu einem ganz ungewöhnlich engen, ja freundschaftlichen Verhältnis. Auch wenn Marie Meloney nicht in Frankreich war, riß die Verbindung zwischen den beiden Frauen niemals ab.

Körperlich hatten sie gewisse Gemeinsamkeiten: Beide waren schlank und zart, beide litten unter chronischen Krankheiten, und beide kannten körperliche Zusammenbrüche. Die Journalistin machte sich über ihr Hinken lustig, litt aber insgeheim darunter. Geistig jedoch ließen sich kaum größere Gegensätze vorstellen. Marie Curies Verschlossenheit, ihre Scheu vor der Öffentlichkeit, die sie nie überwinden konnte, standen in schroffem Widerspruch zum Leben der Amerikanerin, die in der Gesellschaft zu Hause war, die Luxus und Komfort liebte, die Welt von Ruhm, Erfolg und leichtverdientem Geld. Bei einem ihrer Treffen vertraute sie der Nobelpreisträgerin an, daß alle ihre Freunde sie Missy nannten, Marie Curie nahm diese Bezeichnung zur Kenntnis, hatte aber nicht die Absicht, Gebrauch davon zu machen.

Bereits auf der Überfahrt nach New York im September nahm die Journalistin erste Kontakte mit führenden Wirtschaftsbossen auf, und noch vor Weihnachten war sie sicher, daß sie das erforderliche Geld beschaffen könnte. Für die Dauer des Aufenthaltes organisierte sie eine Reihe von Veranstaltungen, wobei die Nobelpreisträgerin zwischen den einzelnen Terminen immer wieder genügend Zeit zur Erholung finden würde. Sie hatte Konferenzen, Zeremonien zur Verleihung von Ehrentiteln und Übergaben von Auszeichnungen eingebaut. Besondere Mühe gab sie sich, Auszeichnungen herauszufinden, die der Empfängerin außer der üblichen Goldmedaille auch Bargeld einbrachten. Die meisten amerikanischen Universitäten stritten sich um die Ehre, Marie Curie empfangen zu dürfen.

Stets war Missy bestrebt, auf Marie Curies Wünsche einzugehen. Als die Nobelpreisträgerin die Andeutung machte, gerne ihre beiden Töchter mitzunehmen, da sie sich von diesen Unterstützung erhoffte, war Missy sofort damit einverstanden.

Als in den Briefen, die sie wechselten, manchmal von einem Gran und dann wieder von einem Gramm Radium die Rede war, ließ sie Missy telegrafieren: „Madame Curie fragt, ob Gramm oder Gran. Gran ungenügend, um Abwesenheit von der Arbeit zu rechtfertigen, da nur ein Fünfzehntelgramm." Doch sie hätte sich nicht zu beunruhigen brauchen. Für Missy spielten solche Unterschiede keine Rolle. Sie kabelte postwendend zurück: Gramm. Und Marie Curie sollte dieses Gramm aus den Händen des Präsidenten der Vereinigten Staaten in Empfang nehmen. Nun blieb nur die Frage, wem dieses Gramm Radium denn nun wirklich gehöre. Einige Zeitungen hatten geschrieben, es werde der Universität Paris geschenkt.

Diesmal wußte Marie Curie sehr genau, was sie wollte, und sie war zu keinerlei Zugeständnissen bereit. „Daher bitte ich Sie", telegrafierte sie an ihre Vertraute, „einen Text zu entwerfen, der die Bedingungen der Schenkung darlegt. Wenn die Schenkung mir gemacht wird, muß in dem Dokument gesagt werden, wieweit ich frei bin, über das Geschenk zu verfügen und in welchen Grenzen."

Doch auch hier hätte sie unbesorgt sein können. Missy war sich ihrer geschäftlichen Verpflichtungen voll bewußt. Sie antwortete: „Das Gramm Radium soll Ihnen gehören, für Ihren eigenen persönlichen Gebrauch, und sie sollen über seine Verwendung nach Ihrem Tod bestimmen . . ."

Das Interesse der amerikanischen Presse nahm nun von Woche zu Woche zu, und wie nicht anders zu erwarten, griffen auch die französischen Zeitungen das bevorstehende Ereignis auf. Plötzlich erinnerte man sich in Paris wieder daran, daß in der Stadt eine international anerkannte Wissenschaftlerin lebte, die in Kürze mit einem beispiellosen Aufwand in der Neuen Welt gefeiert würde. Und die Pariser Behörden hatten es versäumt, sie zu ehren. Was war zu tun? Man bot ihr jetzt die Ehrenlegion an, nachdem man ihr die Aufnahme in die Akademie der Wissenschaften verweigert hatte. Sie lehnte ab. Zu tief saß der Stachel.

Statt dessen veranstaltete man einen Galaabend in der Pariser Oper. Die Zeitungen nannten sie „eine der wunderbarsten Gestalten der französischen Wissenschaft". Unter lautem Beifall betrat sie die Oper und saß, schweigsam wie immer, auf ihrem Ehrenplatz, umringt von den bedeutendsten Wissenschaftlern Frankreichs.

Doch sie konnte nicht mehr deutlich hören, was gesprochen wurde. Seit einiger Zeit litt sie unter einem ständigen Summen in den Ohren, das sich später noch verstärken sollte. Hinzu kam ein Nachlassen der Sehkraft. Sie konnte nicht einmal mehr genau verfolgen, was sich auf der Bühne der Oper ereignete. Aber mit der eisernen Energie ihrer früheren Jahre versuchte sie, diese Schwäche vor allen Menschen, außer den engsten Freunden, zu verbergen. Vielleicht war es Eitelkeit, vielleicht aber auch die Furcht, daß ihr eigenes Radium die Schuld daran tragen könnte.

Missy war eine der ganz wenigen, die davon wußten, und sie fürchtete insgeheim, daß Marie Curie ihre Sehkraft völlig verlieren könnte, wenn sich nicht rasche Hilfe finden ließ. Sie hatte darum Vorsorge getroffen, daß während der Amerikareise auch ein Besuch bei einem der führenden Augenspezialisten in New York eingeplant wurde.

Der Galaabend wurde zum Triumph. Missy nahm daran teil und genoß diese Stunden mehr als die Radiumerforscherin.

In der weichen, feuchten Septemberluft von Southampton glühte die „Olympic" wie ein glänzendes Juwel. Alle Lichter brannten; sie brannten über die ganze Breitseite hin. Es war, als wäre die graue Riesenwand mit Diamanten besetzt. Über dem Rumpf lagen im grellsten Licht die Verdecke wie Stockwerke eines Hauses übereinander, die Promenadendecks, breit wie Straßen, und hinter ihnen die Restaurants, Grillrooms, Cafés, Gymnastikhallen, Schreibzimmer, Tanzsäle, Schwimmdecks, die Suiten mit ihren Salons und Badezimmern.

Missy geleitete ihren Star über den Laufsteg aufs Schiff. Es folgte die kleine Gruppe, die an dem Besuch teilnehmen sollte: Iréne und Eve, außerdem die junge französischsprechende Amerikanerin Harriet Eager, die Marie Curie durch Missy in Paris kennengelernt hatte.

„Oh, schau nur!" rief Eve plötzlich. „Meinst du, daß wir vor lauter Schiff auch noch den Ozean sehen können?"

Die Mutter drehte ihr den Kopf zu. „Das erste, was ich sehen möchte, ist mein Bett", sagte sie leise in einem Ton, der verriet, wie unbehaglich sie sich fühlte.

„Aber du mußt doch zugeben, daß es hier überwältigend ist."

„So laß doch Mutter in Ruhe", mischte sich Irène ein.

„Siehst du denn nicht, daß sie das alles furchtbar anstrengt?"

Der Präsident der „White Star Lines" war persönlich gekommen, um Marie Curie zu begrüßen. Man trank ein Glas Champagner, dann geleitete er den Ehrengast zur Brautsuite, die man für die Nobelpreisträgerin reserviert hatte. Die Töchter wohnten in Kabinen neben der Mutter, Missy und Harriet gegenüber.

Eve war jetzt sechzehn. Begeistert tanzte sie durch den Raum, der behaglich, ja sogar prunkhaft mit alten Möbeln eingerichtet war. „Warum können wir eigentlich nicht immer so wohnen!" rief sie. „Hier bleibe ich." Sie ließ sich auf eines der kleinen Sofas fallen, federte empor und warf ein Kissen nach Irène.

„Man könnte meinen, du hättest den Verstand verloren. So hör schon auf!" Irène war dreiundzwanzig. Sie hatte die Ernsthaftigkeit des Vaters geerbt. Im Gegensatz zu Eve war sie der Mutter eine echte Stütze und zeigte sich an deren wissenschaftlicher Arbeit interessiert. Sie gab wenig auf ihr Äußeres, und es war schwer, ihr nahezukommen.

„Gefällt es dir denn hier nicht?"

„Sicher! Aber ich brauche diesen Luxus nicht."

„Wird das eine schöne Zeit!" platzte Eve heraus. „Ich wollte, sie würde niemals enden."

„Das wünsche ich mir aber nicht. Wirklich nicht! Ein Leben ohne Arbeit, ohne Ziel . . . Nein, das ist nichts für mich. So etwas stelle ich mir einfach schrecklich vor."

Während der Tage auf See tat Missy ihr Bestes, um Marie Curie und die Kinder auf das vorzubereiten, was auf sie zukommen würde. Sie schulte sie in der Kunst, ausweichende Antworten auf zudringliche Fragen zu geben, nur zu lächeln, wo sie gar nichts sagen wollten, und bereitete sie auf amerikanische Sitten und Gebräuche vor. Dabei war es für Missy und Harriet wie auch für die weitere Umgebung immer wieder ein Erlebnis, Marie Curies Unerfahrenheit, ja Gleichgültigkeit den praktischen Dingen des Lebens gegenüber zu beobachten. Was andere Frauen tief beschäftigte, eine vorteilhafte Frisur, ein neues Kleid, ein Schmuckstück, all die kleinen Dinge des Lebens waren für sie bedeutungslos. Zwar genoß sie den Komfort des Schiffes, dennoch konnte sie eine instinktive innere Abwehr bei der Pracht um sie her und den raffinierten Speisen nicht verbergen.

Eines Abends, als Marie Curie nicht zum Lunch im Speisesaal erschien, eilte Missy in ihre Suite und fand sie vor dem offenen Kleiderschrank stehend. Ihr Gesicht verriet tiefe Ratlosigkeit. Missy sah, daß in dem mächtigen Schrank, sonst für eine kostbare Ausstattung bestimmt, nur einige wenige Kleider hingen, alle sorgfältig auf den Bügeln ausgerichtet. Sämtliche Kleider waren dunkel, manche seit Jahren in Gebrauch, darunter auch das Abendkleid mit schwarzer Spitze, in dem sie einst den Nobelpreis entgegengenommen hatte.

„Was ist geschehen, Madame? Vielleicht kann ich Ihnen helfen?"

Marie Curie schüttelte den Kopf. „Ich weiß, es ist unglaublich töricht, aber ich finde den Schalter nicht. Ich habe mich verspätet, einfach weil ich das Licht im Schrank nicht ausschalten kann."

„Die Lampe in diesem Schrank?" Missy versuchte der Nobelpreisträgerin zu erklären, daß es sich hier um eine automatische Schaltanlage handle, die das Licht lösche, sobald die Tür geschlossen werde.

Da Marie Curie nicht überzeugt schien, begann Missy nun selbst nach dem Druckschalter zu forschen. Vergeblich! Die beiden Frauen blickten einander ratlos an.

Schließlich schlug Missy vor: „Vielleicht ist das eine Lösung. Gehen Sie in den Kleiderschrank. Er ist groß genug. Ich werde dann die Türen schließen, und Madame können abwarten, was geschieht."

Ein Lächeln huschte über das hagere Gesicht der Nobelpreisträgerin. Das war ein wissenschaftlicher Versuch, der sich überprüfen ließ. Marie Curie schlüpfte in den

Schrank, Missy schloß fest die Türen, öffnete sie wieder, und Madame trat hervor.

„Großartig! Sie hatten recht", gestand sie. „Eine wunderbare Erfindung."

Arm in Arm gingen sie die Treppe empor zum Speisesaal.

Missy hatte gute Arbeit geleistet. Rechtzeitig zu Marie Curies Ankunft in New York erschien die neue Ausgabe von „The Delineator" im Handel. Sie war fast vollständig Marie Curie gewidmet und brachte Missys Beitrag unter dem Titel „Die größte Frau der Welt". Doch die Journalistin hatte noch mehr getan. Alle großen Zeitungen in New York druckten Storys über die Curies, breit ausgemalte Geschichten oder auch frei erfundene Legenden, so von dem armen Polenmädchen, das seine Karriere mit dem Flaschenspülen im Laboratorium begonnen habe. Eine andere Zeitung, nicht weniger phantasievoll, unterrichtete ihre Leser, daß die doppelte Nobelpreisträgerin im letzten Winter habe frieren müssen, weil ihr das Geld für Kohlen gefehlt habe. So folgte Story auf Story, eine so unwahrscheinlich wie die andere, doch sie bereiteten den Boden, den sich Missy erhoffte.

Als sich die „Olympic" dem Kai in New York näherte und schließlich anlegte, warteten Tausende von Menschen geduldig darauf, Marie Curie zu sehen. Man hatte ihr einen Stuhl an Deck gestellt, so daß sie gerade über die Reling blicken konnte, ohne selbst erkannt zu werden. War es möglich, daß alle diese Menschen gekommen waren, um sie zu begrüßen? Die Menge harrte aus, Kopf an Kopf. Da waren große Trupps von Pfadfindern, erläuterte der Kapitän, polnische Delegationen, französische Delegationen, Mitglieder von Komitees. Auch die Stadt hatte ihre Vertreter geschickt. Drei, wenn nicht vier Blaskapellen spielten gleichzeitig. Dann sah sie mehrere Limousinen, die Zentimeter um Zentimeter dem Schiff entgegenrollten, umringt von Fotografen, Radioreportern und Journalisten.

Der Kapitän verabschiedete sich, bedankte sich für das Vertrauen, das Madame den „White Star Lines" entgegengebracht habe, und deutete auf die Treppe.

Mit steinernem Gesicht, das ihren Schrecken verbarg, schritt sie die Gangway hinab, der Menge entgegen. Marie Curie wußte, daß es unvermeidlich war, sich der Menge zu stellen. Sie stand unbeweglich: ein grauer Kopf, der in einem Meer von Hüten und Mützen zwischen Kameras, Mikrofonen, Notizbüchern und allen Spielarten technischer Ausstattung nur zuweilen sichtbar wurde. An ihrem abweisenden Gesicht hatte sich nichts geändert. Still und stumm stand sie da. Sie hatte eine Erklärung tippen lassen, wie sehr sie sich freue, Amerika kennenzulernen, seine Menschen, die Schönheiten der Landschaften. Die Journalisten stopften das Papier ungelesen in ihre Taschen. Reporter fragten, Fotografen brüllten dazwischen: „Bitte heben Sie den Kopf, Madam! Etwas mehr nach rechts! Lächeln Sie! Zeigen Sie, daß Sie sich freuen! Und jetzt nach links!" Das allgemeine Schreien, Winken und Rufen, in dem sich ihre Gastfreundschaft äußerte, nahm für Marie Curie geradezu erschreckende Formen an. „Bitte setzen Sie doch Ihren Hut auf! Danke, und nun nehmen Sie ihn wieder ab. Schauen Sie mich an! Nein, hierher, bitte!"

Länger als eine Viertelstunde stand sie im Blitzlichtgewitter der Fotoreporter; einige Reporter versuchten ein Kurzinterview, brüllten auf sie ein, drängten andere zurück. Nun kam auch die Menge heran. Viele hatten stundenlang gewartet, um den französischen Star aus der Nähe zu sehen. Schließlich schickte der Kapitän der „Olympic" einen Trupp Matrosen los, der Marie Curie als Leibwache einen Weg durch die Zuschauer bahnte. Endlich erreichte sie mit ihrer Begleitung die Autos.

Die Überraschung, ja ein gewisses Erschrecken waren gegenseitig. Niemals zuvor hatte sie eine solche Begeisterung für ihre Person erlebt. Die spontane Heftigkeit der Amerikaner hatte etwas Bestürzendes für sie, die es nicht gewöhnt war, ihre Gefühle zu zeigen.

Doch auch die Kommentare der Presseleute verrieten Ernüchterung. War sie wirklich die Frau von einmaliger Schönheit, die ihnen Missy verheißen hatte? „... die hohe, breite Stirn, die ausgeprägten Schläfen, der großartige Rücken haben die Linien einer antiken griechischen Statue. Das Gesicht aber ist nicht griechisch. Es ist sanfter, voller, menschlicher ..." Das war Missys Beschreibung, eine Vision, die wenig oder nichts mit der Wirklichkeit zu tun hatte. Was sie sahen, diese abgebrühten Leute der Presse, war kein polnisch-französisch-griechischer Traum. Die Wirklichkeit war sehr viel prosaischer. „Ihre Schultern sind von der Arbeit über dem Laboratoriumstisch gebeugt, das Haar, von der faltenreichen Stirn kompromißlos zurückgekämmt, ist schlohweiß; die scharfe Linie von Kinn und Hals hat nichts Jugendliches."

Was man am nächsten Tag in den Zeitungen las und in Großaufnahme sah, war nicht bösartig. Es war die grausam nüchterne Wirklichkeit. Sie war eine weißhaarige, kurzsichtige Frau von vierundfünfzig Jahren mit vielen Falten, eine Frau, die in den letzten Jahren rasch gealtert war und sogar älter aussah, als sie tatsächlich war. Hinzu kam, daß sie kalt, herzlos, müde und gleichgültig wirkte.

Doch sie war keineswegs zu müde oder zu gleichgültig, um auch nur eine Minute das Ziel dieser Reise aus dem Blick zu lassen. Missy, die selbst von dem Tempo, das sie allen Beteiligten auferlegt hatte, erschöpft war, hinkte abends in ihr Zimmer und brachte das Dokument mit, das Marie Curie am nächsten Tag zur Besitzerin des Radiums machen sollte.

Sie bat Missy, sich hinzusetzen und es ihr vorzulesen, und was sie jetzt hörte, befriedigte sie keineswegs. Seit dem Tode ihres Mannes, als es Nachfragen nach den rechtlichen Besitzverhältnissen des Radiums gegeben hatte, das sie selbst unter unsäglichen Strapazen aus der Pechblende gewonnen hatte, war sie besessen davon, die Eigentumsfrage auch für den Fall ihres Todes unmißverständlich zu klären. Das Schriftstück wurde neu gefaßt, dazu ins Französische übersetzt. Missy mußte das Dokument so formulieren, daß es den Satz enthielt, das Radium sei „zum freien und ungehinderten Gebrauch durch sie in Experiment und Wissenserwerb" bestimmt und unmittelbares Eigentum des Laboratoriums. Außerdem könne sie über seine Verwendung auch für die Zeit nach ihrem Tode bestimmen. Zusätzlich bestand Marie Curie darauf, daß ein Rechtsanwalt hinzugezogen wurde, der noch am gleichen Abend die Schenkung beglaubigte. Zwei ihrer einflußreichen Helferinnen, darunter die Frau des Vizepräsidenten des „Marie-Curie-Komitees", Mrs. Coolidge.

Am Tag darauf gegen 16 Uhr war dann der große Augenblick gekommen. Die beiden Türflügel des Weißen Hauses in Washington öffneten sich: voraus die Gattin des Präsidenten am Arm des französischen Botschafters, dann Marie Curie am Arm des Präsidenten der Vereinigten Staaten, Harding, dahinter Missy, die Töchter Irène und Eve, und schließlich die Damen des „Marie-Curie-Komitees", die zu der feierlichen Zeremonie erschienen waren.

Die Reden begannen, zuletzt sprach der Präsident, umringt im Halbkreis von Wissenschaftlern, Diplomaten, Industriellen. Er sprach mit Wärme von der großen Wissenschaftlerin, die Außerordentliches geleistet hatte, die jedoch auch als Gattin und Mutter ihre Pflichten voll erfüllte.

Marie Curie, die ihr zehn Jahre altes Spitzenkleid trug, dankte mit kurzen Worten. Man lauschte ehrerbietig. Ihr Englisch war inzwischen sehr viel besser geworden, wenn auch der starke polnische Akzent immer noch durchklang. Der Präsident übergab ihr eine mit einer dreifarbigen Schleife umwickelte Pergamentrolle und legte ihr ein seidenes Halsband um, an dem ein kleiner goldener Schlüssel befestigt war – der Schlüssel zu der Schatulle, in der sich eine Radiumimitation befand. Sie war in der Mitte des Raumes aufgestellt, ein 110 Pfund schwerer Bleikasten, den man mit Mahagoniholz umkleidet hatte. Er sollte einmal das Radium aufnehmen, wenn sie nach Frankreich zurückfahren würde.

Man begab sich in das Blaue Zimmer, wo Marie Curie, auf einem Stuhl sitzend, die Glückwünsche entgegennahm. Schweigend lächelte sie die Menschen an, die einer nach dem anderen vor sie hintraten. Die Töchter hatten es übernommen, an ihrer Stelle die Hände zu schütteln und je nach Nationalität auf englisch, französisch oder polnisch zu danken.

Ihr großes Ziel war damit erreicht. Doch noch hatte sie nicht den vollen Preis bezahlt, den man dafür erwartete. Da waren noch etliche Verpflichtungen zu erfüllen. Bevor sie Washington verlassen konnte, sollte sie das Laboratorium für niedrige Temperaturen einweihen, das den Bergwerken von Washington gehörte. Im letzten Augenblick hatte man die Ingenieure verständigt, daß sie zu erschöpft sei, um sich in die Maschinenräume zu begeben. So schufen die Ingenieure in höchster Eile eine sinnreiche Tastatur für sämtliche Maschinen. Sie brauchte jetzt nur noch einen Knopf zu drücken, und alle Motoren setzten sich auf einmal in Bewegung.

Weitere Feierlichkeiten folgten. Willkommensansprachen, Empfänge, festliche Essen in der französischen Botschaft und der polnischen Gesandtschaft, dazu weitere Veranstaltungen, viele davon seit Wochen ausverkauft – eine nicht abreißende Kette von Verpflichtungen, und stets war sie es, die im Mittelpunkt stand. Die Nähe so vieler anspruchsvoller Menschen, dazu die Menge der Radioreporter und Journalisten, das war mehr, als sie ertragen konnte.

Drei Tage nach dem Empfang bei Präsident Harding ließ sie durch Missy ein Telegramm verschicken, das den Universitäten und wissenschaftlichen Institutionen zugestellt wurde, die sich um ihren Besuch bemüht hatten. Es hieß darin: „Die Ärzte halten Marie Curies Gesundheitszustand für sehr geschwächt ... Sie besteht darauf, das für sie vorgesehene Programm durchzuführen, aber jede vermeidbare Anstrengung muß unbedingt unterbleiben. Madame Curie war nie sehr kräftig. Die Härten des Krieges und eine zwei Jahre zurückliegende Krankheit haben ihr nicht viele Kraftreserven gelassen. Vorsicht aber und die nun gewährleistete Hilfe in ihrem Pariser Laboratorium sollten es ermöglichen, daß sie ihre Arbeit fortsetzt ..."

Der geplante Ausflug zur Westküste wurde ganz gestrichen. Statt dessen wurden Irène und Eve ausgeschickt, stellvertretend die Ehrungen für die Mutter entgegenzunehmen.

Marie Curie zog sich in dieser Zeit in Missys Wohnung nach New York zurück, um wenigstens einige Tage ohne Öffentlichkeit zubringen zu können.

Schließlich war die erste feierliche Ehrendoktorverleihung geplant. Am Vorabend fragte Missy: „Sie haben doch Ihr akademisches Amtsgewand zurechtgelegt? Es ist morgen unentbehrlich."

Marie Curies Lächeln glich dem eines zehnjährigen Mädchens. „Ich habe nie eines besessen", gestand sie.

„Was sagen Sie da? Aber Sie brauchten es doch als erster weiblicher Professor der Sorbonne."

„Es ging auch so. Irgendeiner der Kollegen lieh mir sein eigenes."

„Das ist doch nicht zu fassen!"

„Ich versichere Ihnen, es fiel überhaupt nicht auf."

„Gut, vielleicht fiel es damals nicht auf. Das mag sein. Aber hier können sie nicht mit einer geliehenen Robe kommen. Das ist völlig ausgeschlossen ... Was machen wir nur? O Gott! Ein Schneider muß her, und das noch heute abend. Es gibt keine andere Lösung."

Der eilends herbeigerufene Schneider brachte den Stoff und einen Gehilfen mit. Nun schritt er mit eingekniffenem Auge vor Marie Curie auf und ab, die in aller Unschuld in ihrem Sessel saß. Länge – Form – Ärmel, die Proben gingen nicht ohne Schwierigkeiten vorüber. Marie Curie war voller Ungeduld; sie fühlte sich belästigt. Außerdem gefiel ihr die schwarze Seide nicht.

„Es ist die beste Naturseide, die überhaupt auf dem Markt ist", beteuerte der Schneider mit einem Anflug von Panik in der Stimme.

„Na schön", sagte sie, „aber nicht einmal halb so praktisch wie mein altes Kleid."

Der Schneider stöhnte bei dieser lästerlichen Rede auf. „Verzeihen Sie, Madam. Aber Ihr Kleid ist nicht gerade nach dem neuesten Schnitt, wenn ich mir diese Bemerkung erlauben darf."

„Das kann es auch nicht sein."

„Tatsächlich? Wo haben Sie es her? Das müssen Sie mir verraten, Madam."

„Es stammt aus Paris, und es ist älter als meine älteste Tochter."

„Wo lassen Sie in Paris arbeiten?"

„Gar nicht. Meine Schwester hat es für mich genäht."

„Und was ist Ihre Schwester von Beruf?"

„Ärztin", sagte Marie Curie in aller Unschuld.

Der elegante New Yorker Schneider unterdrückte tapfer eine Bemerkung und wandte sich an seinen Gehilfen, der in tadelloser Haltung zugehört hatte und nun, noch immer die Hand auf der schweren Seide, ruhig von einem zum anderen blickte.

„John", sagte der Schneider streng. „Hast du alle Maße?"

„Ja, Sir", sagte der Gehilfe in seiner gesprächigen Art.

„Weißt du, daß die Robe bis morgen fertig sein muß?"

„Um wieviel Uhr?" fragte John in einem Anfall von Beredsamkeit.

„Bis zehn Uhr spätestens", sagte der Schneider.

„Das geht in Ordnung, Sir", erklärte der Gehilfe.

Der Schneider wandte sich an Marie Curie. „Sie können sich auf uns verlassen, Madam. Wir sind es gewohnt, unser Wort zu halten."

Beide eilten davon.

Junge Mädchen, die längs der Straßen Spalier standen, Mädchen, die der Nobelpreisträgerin über die gepflegten Rasen der Universitäten entgegeneilten, Mädchen, die Blumen und Fähnchen schwenkten, die eigens eingeübte Lieder sangen. Delegierte der Colleges, die an der Nobelpreisträgerin vorbeimarschierten, Blumen und Fahnen in den Händen. Dies war die Vision der Tage. Wie sich die Bilder glichen! Ehrentitel, Doktorate. Zwischen der wissenschaftlichen und industriellen Elite wurden Geschenke ausgetauscht: Der Leiter einer Fabrik spendete Marie Curie fünfzig Milligramm Mesothorium. Die Mitglieder der berühmten American Philosophical Society verliehen ihr die John-Scott-Medaille. Sie besuchte das Radiumwerk von Pittsburg, in der das berühmte Gramm Radium gewonnen worden war. Weitere Ehrendoktorate. Marie Curie trug ihr akademisches Gewand, das der New Yorker Schneider für sie angefertigt hatte und das ihr überraschend gut stand. Doch sie lehnte es ab, ihre weißen Haare mit dem Doktorhut zu bedecken. Sie fand ihn abscheulich und unbequem. Ohne Kopfbedeckung, den schwarzen, steifen Hut in der Hand, stand sie inmitten der Studenten und Professoren, und das Ergebnis war verblüffend. Kein Regisseur hätte sich eine stärkere Wirkung ausdenken können.

Mit äußerster Kraft hörte sie sich die Reden an, hielt sich aufrecht, nahm Blumensträuße entgegen, hörte Hymnen und Gesänge an. Doch glücklich war sie immer nur für Augenblicke. Der Kraftüberschuß der lärmenden, von Begeisterung überströmenden Menge versetzte sie in eine Art Betäubungszustand. Es bestürzte sie, der Blickpunkt so vieler Augen zu sein, ebenso die Begeisterung, mit der die Menschen sie umdrängten.

Die Folgen ließen nicht auf sich warten. Am 17. Juni

mußte sie ihre Besuchsreise unterbrechen. Ihr erschrekkend niedriger Blutdruck beunruhigte die Ärzte. Sie erholte sich schließlich so weit, daß sie Boston, New Haven, die Universität in Wellesley, Yale in New Haven, Simmons in Boston, Harvard und Radcliffe in Cambridge besuchen konnte.

Dann, am 28. Juni, war alles überstanden.

Missy brachte sie wieder an Bord der „Olympic". In der Kabinenflucht warteten Hunderte von Blumengebinden auf sie, dazu Stöße von Telegrammen. Missy war in einem schönen, kostbaren Kleid, einen leichten Mantel über den Schultern, gekommen. Um den Hals trug sie eine Kette aus großen, dunklen asiatischen Steinen. Während sie durch die Gänge hinkte, wurde sie von allen Seiten mit Lob und Komplimenten überhäuft und strahlte vor Freude und Stolz.

Marie Curie war schon vorausgegangen. Nun öffnete sie die Tür, und beide Frauen fielen einander in die Arme.

„Ich bin Ihnen so dankbar, Mrs. Meloney", flüsterte Marie Curie. „Es war eine unvergeßliche Zeit."

„Die Anstrengungen waren schrecklich. Ich weiß es. Wenn Sie es nur nicht bereut haben", flüsterte Missy.

„Auch meine Töchter danken Ihnen. Ich habe sie weggeschickt, weil ich allein mit Ihnen sprechen wollte ... Ich verdanke Ihnen mehr als irgendeinem Menschen seit dem Tod meines Mannes. Lassen Sie mich noch einmal Ihr Gesicht anschauen, meine liebe Freundin. Vielleicht werde ich Sie nie wiedersehen."

Zu diesem Zeitpunkt war es jedoch nicht der Tod, den Marie Curie fürchtete. Die Untersuchung bei einem der führenden Augenärzte hatte ergeben, daß sie auf beiden Augen am grauen Star litt, und sie war überzeugt, daß sie bald völlig erblinden würde.

Missy war dunkelrot vor peinlicher Scheu und Verlegenheit geworden. Sie wußte sehr wohl um Marie Curies Leiden. „Noch ist gar nichts entschieden", flüsterte sie. „Erst eine Operation in Paris wird Gewißheit bringen."

Doch sie hatte auch Sorgen um die eigene Gesundheit, die sie allerdings vor Marie Curie verbarg. Sie mußte einen tuberkulösen Rückfall befürchten. Aber schlimmer noch, sie hatte erfahren, daß sie an einem Tumor litt, der bösartig sein konnte.

„In Paris dann", sagte sie leise.

Sie reichten sich ein letztes Mal die Hand, und Missy hinkte den Gang entlang, während Marie Curie ihr nachschaute.

Noch an Bord der „Olympic" schrieb Marie Curie einen herzlichen Brief, nun nicht wie früher mit der Anrede „Chère Madame", sondern „Ma chère amie": „Wir alle machen uns große Sorgen um Ihre Gesundheit, und ich hoffe, daß Sie beschlossen haben, sich einer ernsthaften Behandlung zu unterziehen. Bitte lassen Sie es uns so bald wie möglich wissen. Wir alle lieben Sie und wollen, daß Sie stark und glücklich sind."

Missy mußte zu ihrer Überraschung erkennen, daß die Nobelpreisträgerin nicht ganz so ahnungslos gewesen war, wie sie vermutet hatte.

Marie Curie hatte in Amerika einen riesigen Erfolg errungen, obwohl ihr die überschwengliche amerikanische Gastfreundschaft nicht selten als übertrieben, ja lästig vorgekommen war. Umgekehrt hatten die amerikanischen Gastgeber und Journalisten ihre scheue Verschlossenheit als Gefühlskälte und Ablehnung gedeutet. Wahrscheinlich aber war es gerade die angeborene Zurückhaltung dieser zarten, zerbrechlichen Frau, ihr eisiges Charisma, das die Menschen anzog.

So hatte sie nicht nur Radium, sondern auch Mesothorium und andere teure radioaktive Elemente geschenkt erhalten. Versprochen hatte man ihr auch Präzisionsgalvanometer, Röntgenröhren, Elektromagneten, Voltmeter und viele andere Geräte, die sie brauchen würde, wenn sie ein erstklassiges physikalisches Laboratorium betreiben wollte. Außerdem hatte sie durch Missys Vermittlung von einem Verleger fünfzigtausend Francs als

Vorschuß für die Anrechte auf ihre Lebensgeschichte erhalten.

Marie Curie hatte damit einen der wichtigsten Beiträge zur französischen Physik erbracht, die in dieser von Wirtschaftskrisen und Arbeitslosigkeit bestimmten Zeit überhaupt möglich waren.

# Die Jahre danach

Der Zug, der Marie Curie nach Paris zurückbrachte, fuhr an einem warmen Sommerabend in die Gare St. Lazare ein. Der Bahnsteig war jedoch erstaunlich leer. Nach den Menschenmassen, die sie in Amerika bei jeder Gelegenheit erwartet hatten, geradezu erschreckend leer. Nur gerade drei Personen waren zu ihrem Empfang gekommen: zwei Zeitungsreporter und Marcel Laporte, ein junger Assistent aus ihrem Laboratorium.

Marie Curie genoß die Stille um sich her. Doch ihre Töchter fühlten sich enttäuscht.

„Was ist eigentlich los hier?" fragte Eve. „Verstehst du das?"

„Wir sind eben wieder daheim", sagte Irène. „Der Alltag hat uns eingeholt. Da ist alles anders."

„Heute ist ein Boxgroßkampftag", warf Laporte ein. „Ganz Paris fiebert dem Match entgegen."

„Wer kämpft denn?"

„George Carpentier gegen Jack Dempsey."

Irène schüttelte den Kopf. „Nie gehört."

Laporte versuchte es mit einem Scherz. „Nun, soviel ich weiß, haben beide auch wenig mit Radium zu tun."

Einer der Reporter wandte sich an Marie Curie. „Was halten Sie von dem Weltmeisterschaftskampf, Madame?"

„Ich bedaure", antwortete sie kühl. „Aber zu diesem Thema habe ich keine Meinung."

Am Arm Laportes verließ sie den Bahnhof, um ein Taxi zu suchen, das den Radiumkasten zum Curie-Institut bringen würde. Zum Radium fiel den Reportern nichts ein. Wie hätten sie auch wissen sollen, daß das winzige Gramm Metall eine der wichtigsten Erwerbungen in der wissenschaftlichen Geschichte Europas war!

Marie Curie genoß die Stunde, da sie zum erstenmal wieder ihr Laboratorium in Paris betrat. Die vertrauten Gesichter, die echte Freude in den Augen der Mitarbeiter bei ihrer Rückkehr, die Atmosphäre von Stille, Arbeit und Heimat taten ihr wohl. Hier war sie nicht die kühle, weltweit bekannte Berühmtheit, sondern einfach ein Mensch unter Menschen, denen sie vertraute, deren Wohl ihr am Herzen lag.

Auch ihre Schwächen, die nun deutlicher zutage traten, fanden hier Verständnis. Die Mitarbeiter wußten, daß ihre Sehkraft erheblich gelitten hatte. Doch es gab keinen Klatsch darüber. Im Gegenteil, alle halfen nach Kräften unauffällig, den Schein zu wahren und das Versteckspiel aufrechtzuerhalten.

In den nächsten schwierigen Jahren entsprach jeder, der von ihrem grauen Star wußte, ihren Wünschen, ohne daß eine Bemerkung darüber fiel. Man begleitete sie durch den Pariser Verkehr und half ihr die Treppen zum Laboratorium und zur Universität empor. Man geleitete sie sicher zu den Apparaten, die sie für ihre tägliche Arbeit brauchte. An ihrem Arbeitstisch waren die Skalen der Meßapparate mit übergroßen schwarzen Zahlen markiert. Zwar benutzte sie zum Lesen eine Brille, aber sie tat es nur, wenn sie sicher sein konnte, keine besondere Aufmerksamkeit zu erregen. Ihre Notizen, die sie bei den Vorlesungen in der Universität brauchte, schrieb sie mit riesigen Buchstaben. Selbst in den Monaten, in denen ihr Sehvermögen besonders schlecht war, schritt sie dennoch ohne Hilfe zum Pult im Hörsaal. Sobald die Studenten schwiegen, begann sie ihre Vorlesungen und schrieb auf die große Tafel hinter sich ihre Formeln, ohne sie selbst lesen zu können.

So wahrte sie den Schein ihr Leben lang; aber sie täuschte niemand, der mit ihr zu arbeiten hatte. Sie selbst konnte nicht mit Sicherheit sagen, wo die Gründe für ihre Sehschwäche lagen. Waren es vielleicht doch die Radiumstrahlen, die ihre Augen angegriffen hatten? Daß Radium unter Umständen gefährliche Auswirkungen auf den Körper haben konnte, stand schon vor 1920 außer Frage. Doch weder sie noch Irène, die seit Kriegsende neben der Mutter als Forschungschemikerin arbeitete, waren bereit, die Radioaktivität eindeutig mit den Krankheiten und Todesfällen in Zusammenhang zu bringen. Beide Frauen zeigten eine außerordentliche Widerstandskraft gegenüber den Nebenwirkungen ihrer Arbeit. Sie arbeiteten sorgfältig und umsichtig, aber sie gingen mit großen Mengen der gefährlichsten Mineralien um.

Insgeheim aber gestand Marie Curie ihren engsten Freunden, daß sie die Wirkung des Radiums auf den menschlichen Körper nicht genau kenne und den Verdacht habe, daß es die wirkliche Ursache ihres grauen Stars sei und der Grund, warum sie so schlecht sehe.

Im Sommer 1923 ließ sie sich zum erstenmal operieren und verbrachte viele Wochen in völliger Dunkelheit. Eve pflegte sie während der Blutungen und Komplikationen, las ihr vor und tröstete sie. Bis 1930 sollten noch vier weitere Operationen folgen. Sie verließ die Kliniken schließlich mit einer Brille aus dicken Bergkristallinsen. Doch trotz des Traumas der Operationen befand sie sich körperlich in einem überraschend guten Zustand. Sie hatte Belastungen überstanden, denen viele andere nicht gewachsen gewesen waren, die gleichfalls mit Radium gearbeitet hatten. Damals hatte man noch nicht erkannt, daß die Wirkungen der Radioaktivität auf die einzelnen Menschen ganz verschieden sein konnten. Immerhin schrieb sie an ihre Schwester Bronia: „Manchmal verläßt mich der Mut, und ich denke, ich müßte mit der Arbeit aufhören, auf dem Lande leben und mich der Gärtnerei widmen. Aber ich werde von tausend Fäden festgehalten, und ich weiß nicht, wann ich in der Lage sein werde, die Dinge anders zu regeln. Und ich weiß auch nicht, wie ich, selbst wenn ich wissenschaftliche Bücher schreiben würde, ohne das Laboratorium leben sollte."

Im März 1925 hatte Marie Curie Grund zu besonderer Freude, als Irène ihre Unterlagen und Notizen zusammenpackte, um den kurzen Weg von der Wohnung am Quai de Béthune zur Sorbonne zurückzulegen und als Doktor der Chemie zurückzukehren. Über zwanzig Jahre war es her, daß Marie Curie selbst sich sehr aufgeregt auf das gleiche Examen vorbereitet hatte.

Die Angehörigen des Laboratoriums versammelten sich in dem kleinen Garten hinter dem Haus der Curies und tranken aus Bechergläsern Champagner. Als Marie Curie das Deckblatt von Irènes Doktorarbeit aufschlug, sah sie, daß diese ihr gewidmet war. Sie las: „Für Madame Curie von ihrer Tochter und Schülerin."

Niemand bezweifelte die besonderen Fähigkeiten der Tochter. Auch Marie Curie erkannte die überragenden Eigenschaften Irènes. Sie schätzte sie und war glücklich, die Tochter im Labor um sich zu haben.

Noch im gleichen Jahr erschien Irène eines Morgens, während Marie Curie beim Frühstück saß, und unterrichtete die verdutzte Mutter, daß sie heiraten werde. Sie tat es mit jener Entschiedenheit, die sie von den Eltern gelernt hatte. Es war kein Schwanken, kein Zögern in der Stimme, auch nicht die Bitte um Zustimmung. Marie Curie blieb nichts weiter übrig, als sich nach dem Namen ihres künftigen Schwiegersohns zu erkundigen: Es war Frédéric Joliot.

Joliot war zur Zeit noch beim Militär. Eines Tages stand der gutaussehende junge Mann in seiner Offiziersuniform vor Marie Curies Schreibtisch. Mit einer leisen Unsicherheit in der Stimme bat er Marie Curie um einen Arbeitsplatz in ihrem Laboratorium. Von der geplanten Hochzeit sprach er nicht.

Marie Curie schätzte die Entschiedenheit, die sie selbst an den Tag legte, nicht unbedingt im gleichen Maße bei anderen. Immerhin hatte ihr alter Freund Paul Langevin den jungen Mann warm empfohlen. Die blaßblauen Augen, vergrößert durch die dicke Brille, richteten sich auf den jungen Physiker. „Können Sie morgen mit der Arbeit beginnen?" fragte sie.

Er erklärte, daß er noch drei Wochen Dienst tun müsse.

„Ich werde Ihrem Vorgesetzten schreiben", sagte sie in einem Tonfall, als habe sie es schon getan. „Ich glaube, darüber brauchen Sie sich keine Sorgen zu machen. Das wird schon in Ordnung gehen."

Am nächsten Tag erschien er als ihr Assistent bei der Arbeit.

Viele Kollegen und Freunde der Curies sahen erhebliche Schwierigkeiten voraus, schließlich wollten die Tochter der „Patronne" und der Assistent der „Patronne" heiraten. Konnte so etwas gutgehen? Doch die Zusammenarbeit gestaltete sich besser, als alle befürchtet hatten. Joliot machte einige Zugeständnisse. Obwohl er ein starker Raucher war, rauchte er in Gegenwart seiner Schwiegermutter nicht, wie er überhaupt sein Temperament zügelte, wenn sie anwesend war. Sie lernte es, seine politischen Ansichten zu ertragen, sowie seine Begeisterung für Edith Piaf.

„Der Junge ist ein Feuerwerk", sagte sie einmal zu Jean Perrin, der neben ihr stand, während sie den Schwiegersohn im Laboratorium beobachtete. Tatsächlich ergänzte sich das junge Paar sehr gut. Irène war wahrscheinlich die bessere Chemikerin, er aber besaß Brillanz und Kreativität.

172

Wenn Missy nicht gerade in Europa weilte, schickten sich die beiden Frauen einander fast mit jeder Schiffspost Briefe. Missys Bemühen, dem Curie-Institut finanziell zu helfen, ließ zu keiner Zeit nach. Sie brachte reiche Leute, die Scheckbuch und dicke Brieftaschen bereithielten, dazu, nach Europa zu fahren und bei Madame vorzusprechen, die dienstags und freitags in der Rue Pierre Curie empfing. Missy wandte sich auch an Henry Ford, „der sich das Vergnügen und die Ehre machte, die Wirksamkeit ihrer Arbeit zu unterstützen, indem er ihr ein Automobil für den Gebrauch in Frankreich schenkte", und eine Mrs. Moses erklärte, sie wäre entzückt, den Chauffeur zur Verfügung stellen zu können.

Pünktlich um neun Uhr morgens fuhr nun der Ford am Gittertor ihres Institutes in der Rue Pierre Curie vor. Die Wagentür öffnete sich, und Marie Curie erschien im Garteneingang. Sie fand schon eine beträchtliche Zahl von Mitarbeitern in weißen Kitteln vor, die auf sie warteten. Respektvolle, schüchterne Stimmen drangen auf sie ein. „Ich habe die Messungen abgeschlossen. Die Ergebnisse weichen ein wenig ab von denen, die wir erwartet hatten. Wenn Sie ein paar Minuten Zeit haben, zeige ich sie Ihnen gern ..." – „Ich bin jetzt einen Schritt weitergekommen ..." – „Darf ich Sie nachher einmal aufsuchen, Madame? Irgend etwas läuft da schief ..."

Marie Curie, noch in Hut und Mantel, setzte sich schließlich auf die breite Treppe. Ihr in vierzig Jahren wissenschaftlicher Arbeit trainiertes Gedächtnis hatte ein ungeheures Wissen gespeichert. Jedes Gesicht um sie her rief ihr eine Arbeit, ein Experiment, eine Versuchsreihe in Erinnerung. Sie selbst hatte die Assistenten nach strenger Prüfung ausgesucht und kannte deren Fähigkeiten sehr genau. Solche zwanglosen Konferenzen dauerten manchmal eine halbe Stunde, oft auch länger. Nur allmählich löste sich die Versammlung um sie her auf, und jeder zog davon, die meisten mit gesenkten Köpfen, ganz in ihre Probleme versunken.

Marie Curie erreichte dann ihr Privatlabor, hängte den Mantel auf. Doch sie blieb nur kurze Zeit allein. Andere Assistenten erschienen, auch Studenten, Blätter eines Manuskriptes in der Hand. Fragen wurden laut, auch Zweifel an der eigenen Arbeit. Andere suchten nur eine Ermunterung. Zwischendurch zwei verstohlene Blicke: der eine auf die Armbanduhr, der andere auf den Terminkalender.

Die Sitzungen in der Medizinischen Akademie begannen regelmäßig um drei Uhr nachmittags. Schon eine halbe Stunde früher hielt der Chauffeur am Gitter des Luxemburg-Gartens. Sie verließ den Wagen und eilte durch die Scharen spielender Kinder, bis eines von ihnen plötzlich aufsprang und der alten Dame entgegenlief. Es war Hélène Joliot, Irènes Kind. Zwanzig Minuten standen Marie Curie für diese Begegnungen zur Verfügung, die sie bis zur letzten Sekunde ausnutzte. Sie war nach außen hin eine sehr zurückhaltende Großmutter, doch sie ließ es sich große Umwege kosten, um ein paar Minuten mit der Kleinen zu plaudern.

Nachdem Irène und Frédéric aus der gemeinsamen Wohnung ausgezogen waren, bewohnte Marie Curie mit ihrer Tochter Eve allein die Räume. Eve hatte sich noch nicht endgültig für einen Beruf entschieden. Sie spielte recht gut Klavier, und manchmal dachte sie daran, Pianistin zu werden, oder sie beschäftigte sich mit dem Gedanken, als Journalistin zu arbeiten. Erst seit Marie Curie Missy kannte, deren Leistung, deren Einfluß, war der Journalismus für sie überhaupt ein ernstzunehmender Beruf. Bis dahin hatte sie nur eine Beschäftigung ohne jede Bedeutung darin zu sehen vermocht.

Unter dem Druck ihrer Forschungsarbeiten hatte sie den Töchtern viele Freiheiten gewährt und sie rasch erwachsen werden lassen. Bei Irène, die in ihre Fußstapfen getreten war, bereitete ihr das keine Sorgen. Anders war es bei Eve. Sie besaß eine Vitalität und Lebensfreude, die alle anderen mitriß. Ihre Anmut und ihr lebhaftes Wesen sorgten dafür, daß es ihr nie an Aufmerksamkeit fehlte. Mit Freude und heimlichem Stolz erinnerte sich die Mutter an eine Konferenz in Genf, zu der Eve sie begleitet hatte. Ohne jede Scheu hatte sich die Tochter unter den weltberühmten Physikern bewegt und in den Augen der älteren Herrn gelegentlich sogar ein jugendliches Feuer aufblitzen lassen. Auch Albert Einstein war einem Gespräch mit der Zwanzigjährigen nicht ausgewichen und hatte ihr eine Menge Komplimente gemacht, wie die Mutter mit Vergnügen beobachtete.

Oft kam Marie Curie abends in das Zimmer der Tochter und legte sich mit einem Buch auf das Sofa. Wenn Eve dann von sich und ihrem Leben sprach, so begeistert und farbig von ihren kleinen Entdeckungen und Freuden, dann gewann sie ein Bild vom Leben in der Großstadt, wie sie selbst es nie erfahren hatte. Wenn manchmal junge Leute kamen und in Eves Zimmer tanzten und tobten, lernte sie das Frankreich der Metropole kennen, wie sie es bisher nicht einmal in ihrer Phantasie erahnt hatte, eine Welt von Luxus und Überfluß, die aufregende Welt der Theater und Bücher, der Künstler und Schriftsteller, der verfeinerten Speisen, der noblen Lokale und der guten Weine.

Gelegentlich saß sie auch dabei, wenn Eve sich für eine Party rüstete, und studierte mit wissenschaftlicher Gründlichkeit die Vorbereitungen in allen ihren Einzelheiten, die Frisur, die man nun knabenhaft kurz trug, das auf dem Rücken ausgeschnittene Kleid, die dünnen, hohen Absätze, das Schminken. Die beiden Frauen wußten längst, daß ihre Ansichten darüber unvereinbar waren, und die Mutter hatte es aufgegeben, die Tochter für ihre Überzeugungen gewinnen zu wollen. Trotzdem konnte sie einige spöttisch sarkastische Bemerkungen nicht unterdrücken.

„Wenn ich deine Schuhe sehe, frage ich mich, ob nicht ein Paar halbhohe Stelzen bequemer wären ... Was das

Kleid angeht: dieser endlos ausgeschnittene Rücken. Hast du da keine Angst, dir eine Lungenentzündung zu holen? Finden die Männer das wirklich schön? Früher war es jedenfalls umgekehrt ... Und dann die Frisur! Wenn es keine Kämme mehr gäbe, könnte ich das verstehen. Schneidet ihr euch vielleicht die Haare gegenseitig? So sehen sie jedenfalls aus ..."

Doch schlimmer noch war es, wenn Eve zum Schminken kam.

„Erst zupfst du dir die Brauen aus, dann ersetzt du sie durch schwarze Halbmonde ... Kannst du mir einmal sagen, wo da der Sinn liegt? ... Deinen Mund wird ja jetzt wohl niemand mehr übersehen können. Dieses herrliche Rot! Das ist schon eine echte Leistung, es leuchtet selbst in der Nacht noch."

„Aber so ist die Mode, Mé. Alle tun das. Glaub mir, es sieht auch besser aus", verteidigte sich die Tochter.

„Vielleicht tun es fast alle. Aber ob es besser aussieht, wage ich zu bezweifeln. Nun gut, lassen wir es dabei." Sie lächelte der Tochter zu. „Mach dir einen schönen Abend. Und bleib nicht zu lange fort. Ich werde jetzt noch etwas lesen und dann versuchen zu schlafen."

Doch schon nach einer halben Stunde schlug sie das Buch zu, legte es neben sich auf den Tisch und ging in ihr Arbeitszimmer, wo auf dem Fußboden ein chaotisches Durcheinander von Büchern, Notizen, Zeitschriften und Heften herrschte. Sie setzte sich, den Rücken gegen die Wand gelehnt, und begann ihre gewohnte Nachtarbeit. Sie studierte die neuesten Fachzeitschriften, machte Anmerkungen, unterstrich einzelne Kernsätze oder überprüfte mit dem Rechenschieber ein Ergebnis.

Wenn Eve manchmal gegen zwei Uhr nachts nach Hause kam, sah sie noch Licht am Ende des Korridors, dem Studierzimmer ihrer Mutter. Meist ging sie ins Bett, aber hin und wieder öffnete sie auch die Tür, setzte sich in einen der Sessel und beobachtete stumm die Mutter, die, einen Arm auf den Boden gestützt, die schmalen Füße anmutig gekreuzt, ruhig in ihrer Arbeit fortfuhr. Diese Art von Konzentration überstieg alles, was Eve kannte. Das ganze Zimmer strahlte diesen sicheren, starken und kritischen, von Energie und Konzentration, aber auch von Freude geladenen Geist aus. Irgendwie hatte sie es verstanden, sich nicht nur die Beherrschtheit, Klarheit und Sicherheit der früheren Jahrzehnte zu bewahren, sondern auch die Arbeitsfreude. Sie konnte sich ohne Zaudern und Schwanken wie eine kleine Furie in ihre Studien stürzen, nach einem Arbeitstag mit härtesten Belastungen noch über Problemen sitzen, und doch geschah alles ganz leicht und sicher. Längst war die Mutter von den Zufällen des Glücks unabhängig.

In diesen Jahren besuchte Marie Curie eine ganze Reihe von Ländern, teils in offizieller Mission, teils auch aus privaten Interessen. Sie begab sich dabei von einem der Pariser Bahnhöfe aus auf die Reise, nur mit einer kleinen Tasche in der Hand. Oft wurde sie von Eve begleitet, doch sie scheute sich auch nicht, die Strapazen allein auf sich zu nehmen.

Ihr Selbstbewußtsein hatte nicht gelitten. In Kopenhagen machte sie ihrem Gastgeber klar, daß sie nicht die Gewohnheit habe, öffentliche Reden zu halten. Außer wissenschaftlichen Vorträgen, die ja der Zweck ihrer Reisen seien, gebe sie keinerlei Erklärungen ab. Außerdem ziehe sie es vor, nicht in großem Kreis zu Mittag zu essen, da sie in der Mitte des Tages einige Minuten Ruhe brauche. Als sie dem Rektor der Universität Glasgow für dessen Einladung dankte und die Ehrenbürgerschaft annahm, erwiderte sie: „Ich wünsche indessen, daß die Zeremonie um elf Uhr vormittags stattfindet – pünktlich – und daß man auf das Mittagessen verzichtet."

Wenn sie auch nie öffentlich darüber sprach, so hatte sie sehr wohl erkannt, daß der gewichtigste Beitrag, den sie selbst noch zur wissenschaftlichen Entwicklung leisten konnte, in den Vorteilen bestand, die sie den jungen Wissenschaftlern ihres Instituts verschaffte. Schon seit einigen Jahren unterstützte sie auch die Gründung eines Radiuminstituts in Warschau. Dort war es ihre Schwester Bronia, die sich in ganz Polen für diesen Plan einsetzte, Plakate drucken ließ und sich für die Herausgabe von Erinnerungsbriefmarken stark machte. Das Institut sollte endlich der polnischen Medizin die Möglichkeit geben, Anschluß an den Standard der mitteleuropäischen und amerikanischen Staaten zu gewinnen. Doch die Menschen dort waren arm. Die Spendenaufrufe brachten nur geringe Summen. Bronia hatte sich noch einen besonderen Werbeschlager ausgedacht: „Kauft einen Ziegelstein für das Marie-Sklodowska-Curie-Institut!", und die Idee war erfolgreich. Man konnte schließlich dank der zahlreichen, oft winzigen Spenden, die eingingen, mit dem Rohbau des Instituts beginnen.

Wieder schaltete Marie Curie ihre Freundin Missy ein, die jetzt als Chefredakteurin der Sonntagsbeilage der „New York Herald Tribune" arbeitete. Was nützte schließlich ein Radiuminstitut, das kein Radium besaß? Wieder stürzte sich Missy mit Feuereifer in einen Werbefeldzug: „Ein Gramm Radium für Polen!" Doch schon bald mußte sie erkennen, daß die Bereitschaft der Amerikaner, den Polen ein Radiumgeschenk zu machen, sehr viel geringer war, als sie es sich erhofft hatte. Sie mußte an Marie Curie schreiben, daß offensichtlich die Zeit dafür noch nicht reif sei. „Für Apparate in Ihrem Laboratorium hoffe ich Geld beschaffen zu können, aber das polnische Radium scheint noch in weiter Ferne zu liegen. Außerdem muß ich sagen, daß es mir in jüngster Zeit nicht gutging."

Es gab nur einen Weg, der Erfolg versprach: Marie Curie mußte noch einmal in die USA kommen und persönlich für Warschau werben. Wenn sie innerhalb des nächsten Jahres über den Atlantik reisen würde, versprach Missy, wäre es möglich, die meisten einflußreichen Leute in den Staaten für das Vorhaben zu gewinnen. Marie Curie sagte zu. Doch sie zeigte keineswegs den Eifer ihrer Freundin.

Als sich im Jahre 1928 abzeichnete, daß Herbert Hoover neuer Präsident der Vereinigten Staaten würde, telegrafierte Missy nach Paris: „Herbert Hoover, großer Menschenfreund, wird Präsident. Er ist ein Gönner von Ihnen und Irène in diesem Land. Hoffe, Sie werden ihm Glückwünsche kabeln."

Marie Curie zögerte. Erstens, so ließ sie Missy wissen, mische sie sich grundsätzlich nicht in politische Angelegenheiten, und zweitens könne sie sich beim besten Willen nicht daran erinnern, jemals diesen Mann irgendwo getroffen zu haben. Wieder griff die Journalistin ein, die wußte, was die Unterstützung eines solchen Mannes wert war. Sie schrieb, daß der massige Herr, der ihr eigentlich in der Menge bei ihrem Empfang in New York habe auffallen müssen, kein anderer als Herbert Hoover gewesen sei. Er, der erst Bergmann, dann Ingenieur gewesen war, sei im Grunde sehr viel weniger Politiker als vielmehr „Wissenschaftler und Menschenfreund". – Was jedoch den Ausschlag gab, Marie Curie fand seinen Namen auf dem Briefkopf des „Marie-Curie-Radium-Fonds" von 1921. So lenkte sie ein und griff zu einer kleinen Notlüge: „In der Erinnerung daran, bei meiner Reise in die Vereinigten Staaten im Jahre 1921 Ihre Bekanntschaft gemacht zu haben ...", gratulierte sie dem neugewählten Präsidenten.

Hoover lud sie ein, im Weißen Haus zu wohnen. Es war eine Gunst, wie sie zuvor kaum jemals einem Ausländer erwiesen worden war. Marie Curie hatte indes viel gelernt und noch dazu an Selbstvertrauen gewonnen. „Denken Sie daran", ließ sie Missy wissen, „ich möchte weder Autogramme noch Porträts, noch Gelegenheiten zum Händeschütteln haben. Es sollte keine Interviews geben, Reporter müssen in gewisser Entfernung gehalten werden, und ich möchte nicht an großen Diners und Empfängen teilnehmen."

Missy hielt sich an diese Wünsche, und Marie Curie überstand die beiden Wochen ohne Schwierigkeiten: Laboratoriumsbesuche, wissenschaftliche Konferenzen und kleine Empfänge, dazu den Aufenthalt im Weißen Haus, wo der Präsident ihr das vom amerikanischen Volk gestiftete Gramm Radium überreichte. Doch nicht genug damit. Die Gewinne waren sogar größer als hierfür erforderlich. So konnte sie der in Paris zurückgebliebenen Irène berichten, daß sie mit einer ansehnlichen Zahl von Geschenken an chemischen Apparaten, Ausstattungsgeräten und radioaktiven Elementen zurückkehren werde und dazu das Versprechen von Stipendien für einige ihrer Laborstudenten besitze.

Wie immer hatte es die kleine energische Frau verstanden, durch ihren Charme die Herzen der Industriebosse zu rühren. Noch während ihres Amerikaaufenthaltes brach jener berüchtigte Schwarze Freitag über das Land herein, der alle Börsenpapiere wertlos machte. Doch ihrer vollen Brieftasche konnte jener 25. Oktober 1929, der das Land bis in die Grundfesten erschütterte, nichts anhaben.

Marie Curie berichtete wenig über die gewaltigen Experimentalmagneten und Präzisionsinstrumente, die sie in der Columbia-Universität gesehen hatte, oder über die Laboratorien der General Electric Corporation in Schenectady, die Hunderte von neuartigen Meßgeräte, auch nicht über die große Zahl hochbegabter Forscher, die sie dort getroffen hatte. Doch der Gesamteindruck bewegte sie tief, stärker als alles, was sie sonst auf der Reise gesehen hatte. Seit ihrem ersten Besuch in den USA 1921 war der wissenschaftliche Fortschritt unglaublich rasch erfolgt.

Was sie hier beobachtet hatte, kündigte ein neues Zeitalter an, das nur noch wenig oder schon gar nichts mehr mit den reinen Idealen zu tun hatte, für die sie mit ihrem Mann eingetreten war. Sie mißbilligte diese Entwicklung zutiefst, die ihr wie ein Verrat an den Wissenschaften erschien. Neunzehn Millionen, hatte sie erfahren, waren den naturwissenschaftlichen Fakultäten der amerikanischen Universitäten zugeflossen, das meiste Geld aus dem Rockefeller-Vermögen. Die Gewinne der Industrie, die diese aus der Zusammenarbeit mit den Universitätsforschungen zog, wurden zum Teil wieder der Forschung zurückgegeben. Diesem gigantischen Kreislauf, der zu einer für europäische Verhältnisse unvorstellbaren Massenproduktion geführt hatte, konnte Europa nichts Vergleichbares entgegensetzen.

Noch immer übte Marie Curie einen erstaunlich starken Einfluß auf die begabten jungen Leute um sie her aus, waren die Neulinge eingeschüchtert und verwirrt von der Kühle, mit der sie empfangen wurden. Doch das änderte sich, wenn sie erst einmal von der Patronne anerkannt wurden.

Eines Tages erschien eine junge Wissenschaftlerin, gerade zwanzig Jahre alt, im Vorzimmer, als Marie Curie in ihr Büro wollte. Ohne zu grüßen, sagte die Zwanzigjährige: „Wo ist die Patronne? So nennt man sie ja wohl."

Marie Curie verhielt ihren Schritt. „Vielleicht, aber das gilt nicht unbedingt für Sie. Was wollen Sie?"

„Ich will hier arbeiten. Aber deswegen brauchen wir beide uns hier nicht gegenseitig die Zeit zu stehlen." Ihr Blick glitt über die kleine, hagere, weißhaarige Frau in dem dunklen Kleid. „Sagen Sie mir, wo ich sie finde. Das reicht schon."

„Sehr gut. Dann kommen Sie einmal mit." Marie Curie öffnete die Tür zu ihrem Arbeitszimmer und deutete auf den Besucherstuhl. „Nehmen Sie Platz, falls Sie soviel Zeit haben."

Die junge Physikerin hatte etwas von ihrer Selbstsicherheit verloren. „Wenn Sie meinen?" Sie setzte sich und schlug die Beine übereinander. „Und wie geht es nun weiter?"

Marie Curie lächelte ihr karges Lächeln. Ihre Augen hinter der dicken Brille suchten die der Besucherin. „Wie heißen Sie?"

„Marguerite Perey. – Aber was soll das?"

„Darüber machen Sie sich im Augenblick keine Gedanken. Beantworten Sie nur meine Fragen! Möglichst kurz und möglichst präzise ... Wir wollen uns nicht gegenseitig die Zeit stehlen, nicht wahr? Ihre Ausbildung?"

„Ich habe an der Sorbonne studiert, allerdings nicht bei der Patronne. Ich habe ..." Es folgten Einzelheiten, die Marie Curie wortlos zur Kenntnis nahm.

„Zeugnisse? Ich nehme an, Sie haben Ihre Zeugnisse mitgebracht."

„Selbstverständlich! Aber was soll das? Ich verstehe nicht ganz ..."

„Keine Sorge, das werden Sie rasch", beschied sie die Besucherin bündig. „Lassen sie mir Ihre Unterlagen hier. Heute mittag werden Sie dann erfahren, ob wir Verwendung für Sie haben."

Die Verlegenheit der jungen selbstbewußten Physikerin schlug in echte Bestürzung um, als sie erkennen mußte, daß die kleine, weißhaarige Dame, die sie für eine ältliche Sekretärin gehalten hatte, Marie Curie selbst war.

Sie wurde eingestellt, und die Aufnahme in die Elite der französischen Wissenschaftler des Pierre-Curie-Instituts erwies sich als richtig. Marguerite Perey entdeckte das radioaktive Element Francium.

Im Umgang mit Behörden, Kollegen, Ingenieuren und Architekten war Marie Curie noch immer die gleiche kompromißlose Kämpferin, und die Männer holten tief Luft, wenn sie erfuhren, daß sie gegen ihre Forderungen anzutreten hatten. Doch gerade mit ihrer direkten, durchdachten Art erreichte sie mehr in den Büros der Minister, die für die Naturwissenschaften zuständig waren, weil sich die Verantwortlichen auf diese Weise eher überzeugen ließen als andere mit ihrer oft überzogenen Redegewandtheit.

Als die Mitarbeiter ihres Instituts immer wieder darüber klagten, daß die Präzisionsinstrumente durch die Erschütterungen des Straßenverkehrs litten und keine genauen Meßdaten lieferten, machte sie sich auf und besuchte den Pariser Polizeipräfekten. Sie forderte nicht weniger als eine Neuordnung des Innenstadtverkehrs. Der Präfekt leistete nur geringen Widerstand, und die Rue Pierre Curie wurde zur Einbahnstraße. Fortan bewegte sich der Verkehr nach ihren Wünschen.

Mit fünfundsechzig wirkte sie äußerlich gesünder als zwanzig Jahre zuvor. Nichts schien ihre Kräfte zu erschüttern. Allerdings kam es gelegentlich zu leichteren Fieberanfällen, die ihre Ärzte als Grippe oder Bronchitis bezeichneten, ohne eine Erklärung dafür geben zu können. Denn kein Organ schien angegriffen. Wie war so etwas möglich? Das Summen in den Ohren hatte sich verstärkt.

Ihr seelisches Gleichgewicht jedoch hatte gelitten. Sie fühlte sich einsam wie niemals zuvor. Um die leeren Stunden zu füllen, begann sie damit, die Dokumente und Briefe durchzusehen. Alle persönlichen Aufzeichnungen vernichtete sie. Niemand sollte Einblick in ihr Innerstes nehmen können. Nur die Briefe ihres Mannes, die er ihr vor mehr als vierzig Jahren geschrieben hatte, behielt sie.

In ihrer Not rief sie sogar ihre ältere Schwester Bronia und weinte sich in deren Armen aus. Als die beiden Frauen zu dem kleinen Sommerhaus Cavalaire fuhren, war es kühl und feucht. Mit einer schweren Erkältung brach Marie Curie zusammen. Bronia wachte über die jüngere Schwester und brachte sie schließlich wieder nach Paris zurück. Das akademische Jahr war noch nicht zu Ende. Mit äußerster Energie nahm sie ihre Lesungen wieder auf und arbeitete sogar täglich ein paar Stunden im Laboratorium.

Anfang des Jahres 1932 stolperte sie beim Gang durch

ihr Institut, stürzte, und als sie den rechten Arm ausstreckte, um das Aufschlagen abzufangen, brach sie sich das Handgelenk. Man half ihr auf die Beine, sie zitterte und klagte über starke Schmerzen. Es handelte sich um einen glatten Bruch, wie die Ärzte feststellten. Sie gipsten den Arm ein, und alles hätte in wenigen Wochen heilen sollen. Doch das Gegenteil geschah. Die Gesundung zog sich über Wochen, dann Monate hin. Marie Curie mußte ins Bett, denn diese Verletzung schien andere auszulösen. Die Strahlungsverbrennungen an den Fingerspitzen wurden schlimmer, und die Zeiten, in denen sie an den Händen frei von Schmerzen war, nahmen ab. Hinzu kam das wahnsinnigmachende Summen im Kopf.

Wie bedrohlich sie selbst ihre Lage einschätzte, zeigt ein Brief, den sie in diesen Wochen an Missy sandte. Sie bat, die Briefe zu verbrennen, die sie im Laufe der Jahre an sie geschrieben hatte. „Sie sind ein Teil von mir", meinte sie, „und Sie wissen, wie zurückhaltend ich in meinen Gefühlen bin."

Missy verbrannte einige, aber nicht alle.

Schließlich kehrte Marie Curie wieder ins Laboratorium zurück. Doch alle sahen, wie krank sie war. Tatsächlich mußte sie auch kurze Zeit später wieder ins Bett. Die Ärzte empfahlen ihr, ein Sanatorium in den Bergen aufzusuchen. Eve begleitete sie mit einer Krankenpflegerin auf der Bahnfahrt nach Sancellemoz.

Doch die Reise im Mai 1934 wurde zur Katastrophe. Noch während der Fahrt stieg die Temperatur, und das Fieber, das ihren Körper nicht mehr verließ, schwächte sie rasch. Sie erlitt einen Kollaps und mußte liegend ins Sanatorium transportiert werden.

Eve sorgte dafür, daß sich die Mutter bis zuletzt ihre Abgeschiedenheit bewahren konnte. Der Direktor des Sanatoriums erhielt den Auftrag, ein Zimmer zur Verfügung zu stellen, das so ruhig wie nur möglich war und eine abgeschlossene sonnige Terrasse besaß. Unter keinen Umständen durfte eine Nachricht an die Presse gegeben werden. Im Sanatorium sollte sie als Madame Pierre geführt werden.

Wieder rief Eve mehrere Ärzte an das Bett der Mutter. Einmütig bestimmten sie: „Bettruhe, völliges Ausspannen."

Als Irène und Frédéric sie besuchten, belebten sich ihre Züge, kehrte ein wenig Farbe in die Wangen zurück. Man besprach die Arbeiten des Laboratoriums und den Ausbau der kleinen Villa in Sceaux, die sie fortan bewohnen wollte.

Doch eine tiefe Unsicherheit, die sie mit Kraft zu verbergen suchte, wurde dabei immer wieder deutlich. Mehrmals erklärte sie mit einem kleinen Lachen und einem verstohlenen Seitenblick auf ihre Töchter: „Warum gebt ihr euch nur soviel Mühe? Es ist zu spät. Lassen wir doch alles, wie es ist."

Die Töchter protestierten; und es war ihrem Gesicht nicht anzusehen, wie gern sie den Trost aufnahm.

Dann erwachte sie plötzlich, und ihr Blick fiel auf Eve, die auf einem Stuhl neben ihrem Bett saß.

„Du hast geschlafen", sagte die Tochter leise, ernst lächelnd in ihrer gradblickenden Art.

„Ja", sagte sie ein wenig heiser atmend. „Wie spät ist es?"

Eve sah nach der Uhr. Es war kurz vor vier Uhr morgens. Die Mutter fragte, wo Irène sei.

„Nebenan im Zimmer", sagte Eve rasch. „Ich glaube, sie schläft. Sie sagte, sie sei müde. Aber wenn du sie brauchst, kann ich sie wecken. Möchtest du, daß ich es tue?"

„Nein", sagte die Mutter. „Laß sie schlafen. Sie braucht die Ruhe, das arme Kind. Laß sie schlafen."

„Ja", sagte Eve und nickte. „Und Ruhe ist auch genau das, was du brauchst. Also komm, versuch noch ein bißchen weiterzuschlafen", redete sie ihr zu. „Keine Medizin ist besser als der Schlaf, das wird dir jeder Arzt bestätigen. Danach wirst du dir wie ein neuer Mensch vorkommen."

„Nein, ich habe genug geschlafen", sagte die alte Frau. „Aber du brauchst dich nicht daran zu stören. Ich bin gern mit meinen Gedanken allein."

Am 3. Juli 1934 konnte sie das Thermometer zum letztenmal in der Hand halten und ablesen. Während ihre Kräfte immer mehr nachließen, sank plötzlich die Temperatur.

Sie hielt ihrer Tochter das Thermometer entgegen. „Sieh dir das an."

„Ein gutes Zeichen", sagte Eve gegen ihre Überzeugung.

„Ja, das habe ich oft sagen hören."

Danach blieb sie wieder still. Ihr Atem ging matt, und sie blickte durch das offene Fenster auf die Berge. Plötzlich flüsterte sie: „Nicht die Medikamente haben mir geholfen, sondern die Schönheit der Landschaft, die herrliche Luft in den Bergen . . ."

Als der Mutter das Sprechen schwerer fiel und zuweilen zusammenhanglos wurde, nahm Eve einen Bleistift und einen Notizblock und begann, die gemurmelten Sätze aufzuschreiben.

„Ich kann mich nicht richtig ausdrücken", flüsterte die Sterbende. „Mein Kopf dreht sich im Kreis . . . 38 Grad hatte ich, aber ich weiß nicht, ob das richtig ist. Ich zittere so . . ."

Sie schwieg eine Weile. Ihr Atem ging mühsam. Sie räusperte sich leise, als würge sie etwas, fuhr sich mit der Hand an die Kehle.

Eve sah sie besorgt an und fragte: „Was ist? Was hast du? Hast du Schmerzen?"

„Nein", sagte Marie Curie. „Kannst du mir etwas zu trinken geben?"

Eve stand hastig auf, sah die Wasserkaraffe auf dem Tisch und füllte das Glas zur Hälfte. Mit dem Tablett kam sie ans Bett. Als Marie Curie den Löffel neben dem Glas sah, versuchte sie, das Wasser umzurühren, als habe sie einen Meßstab und ein Becherglas in ihrem Laboratorium vor sich.

Sie konnte nicht mehr trinken. Eve befeuchtete ihr die Lippen. Danach lag sie wieder ruhig. Als der Arzt am nächsten Morgen erschien, um ihr eine Injektion zu geben, drehte sie den Kopf.

„Was stellt ihr mit mir an?" flüsterte sie. „Ich will nicht . . ." Und nach einer Weile: „Ich will in Frieden gelassen werden."

Das waren ihre letzten Worte.

Nichts anderes hatte sie eigentlich ihr ganzes Leben lang gewollt.

Am Freitag, dem 6. Juli 1934, wurde Marie Curie auf dem Friedhof von Sceaux in einer kleinen privaten Feier, wie sie es gewünscht hatte, bestattet. Es gab keinen Trauerzug, keine offiziellen Reden, keine Vertreter von internationalen Vereinigungen; nur begleitet von ihren nächsten Verwandten, den Freunden und Mitarbeitern, wurde der Sarg in dem einfachen Familiengrab am Fuße des Friedhofshügels auf den ihres Mannes gesetzt. Die Geschwister hatten polnische Erde aus der Heimat mitgebracht, die sie nun in das offene Grab streuten.

Noch während die kleine Gruppe um das Grab stand, überkletterte eine lärmende Gruppe Journalisten die Friedhofsmauern und fotografierte die Trauernden. Frédéric Joliot ging zu den Presseleuten und bat sie, der Toten doch jene letzte Ruhe zu lassen, die sie nun gefunden habe.

Vergeblich. Die Bitte wurde nicht erfüllt.

Die neue Inschrift, die man zusätzlich auf dem Grabstein anbrachte, lautet:

MARIE CURIE – SKLODOWSKA 1867–1934

# Zeittafel

| | |
|---|---|
| 1867 | 7. November: Marie Salomee Sklodowska wird in der Fretastraße 16 als fünftes Kind des Physiklehrers Wladislaw Sklodowski und seiner Frau in Warschau geboren. |
| 1873 | Maries Vater verliert als polnischer Beamter Stellung und Wohnung. Er verdient sich den Lebensunterhalt für die Familie als Pensionswirt. |
| | Erkrankung der Mutter an Tuberkulose. |
| 1878 | Die Mutter stirbt an Tuberkulose. |
| 1880–1883 | Pierre und Jacques Curie veröffentlichen mehrere Arbeiten zur Elektrizitätslehre. |
| 1883 | 12. Juni: Marie beendet das Gymnasium. |
| 1885–1890 | Marie arbeitet als Gouvernante. |
| | Erste chemische und physikalische Versuche in einem Laboratorium. |
| | Die ältere Schwester Bronia heiratet den Mediziner Dluski. |
| 1891 | Marie übersiedelt zu ihrer Schwester nach Paris. Studium der Physik an der Sorbonne ab November. |
| 1893 | Erfolgreicher Abschluß des Physikstudiums. Im Herbst Studium der Mathematik. |
| | Die Alexandrowitsch-Stiftung ermöglicht den Aufenthalt in Paris. |
| 1895 | 26. Juli: Marie Sklodowska heiratet Pierre Curie in Sceaux. |
| 1897 | 12. September: Geburt der Tochter Irène. |
| 1898 | Juli/Dezember: Marie und Pierre Curie entdecken die Elemente Polonium und Radium. |
| 1900 | Die Genfer Universität bietet Pierre Curie einen Lehrstuhl in der Schweiz an. Er lehnt ab. |

| | |
|---|---|
| 1902 | 28. März: Marie Curie stellt das Atomgewicht des Radiums fest. |
| 1903 | 25. Juni: Marie Curie promoviert mit Auszeichnung. |
| | Ernest Rutherford zu Besuch bei den Curies. |
| | Erste Folgen der Radiumstrahlen werden bei den Eheleuten erkennbar. |
| | August: Marie Curie erleidet eine Frühgeburt. Das Kind stirbt. |
| | November: Die Royal Society verleiht Marie und Pierre Curie die Davy-Medaille. |
| | Dezember: Das Ehepaar Curie und Henri Becquerel erhalten den Nobelpreis für Physik. |
| 1904 | November: Pierre Curie erhält einen Lehrstuhl für Physik an der Sorbonne. |
| | 6. Dezember: Geburt ihrer zweiten Tochter Eve. |
| | Pierre Curie weist im Tierversuch gefährliche Auswirkungen der Radioaktivität nach. Konsequenzen für den menschlichen Körper werden nicht gezogen. |
| 1905 | Pierre Curie hält auch in Maries Namen vor der Königlich Schwedischen Akademie der Wissenschaften den Nobelpreisvortrag. |
| | Aufnahme Pierre Curies in die Akademie der Wissenschaften. |
| 1906 | Schwere Erkrankung Pierre Curies. |
| | 19. April: Pierre Curie wird bei einem Verkehrsunfall tödlich verletzt. |
| | Mai: Marie Curie erhält als erste Frau in Frankreich den Professorentitel. 5. November: Antrittsvorlesung. |
| 1908 | Henri Becquerel stirbt. |

|      | Marie Curie wird zur ordentlichen Professorin ernannt. |
|------|--------------------------------------------------------|
| 1910 | Sie definiert einen internationalen Radiumstandard, der die Einheit Curie trägt.<br>Ihr Schwiegervater stirbt. |
| 1911 | 11. Dezember: Entgegennahme des Nobelpreises für Chemie in Stockholm.<br>Ende Dezember: Zusammenbruch und Einlieferung in eine Klinik. |
| 1913 | Marie Curie wird Ehrendirektor des Warschauer Instituts.<br>Baubeginn des Radiuminstituts in Paris. Sie wird zur Leiterin der physikalischen und chemischen Forschung berufen. |
| 1914 | Fertigstellung des Instituts.<br>2. August: Marie Curie bringt ihr Radium nach Bordeaux.<br>Sie wird ermächtigt, Techniker der Röntgenologie auszubilden. Sie organisiert die Fertigstellung von 20 mobilen und 200 stationären Röntgeneinrichtungen. Mitarbeit der Tochter Irène. |
| 1915 | Weitere Mitarbeit an der Front. |
| 1918 | Marie Curie richtet den ersten französischen Radium-Therapie-Dienst ein. |
| 1920 | Mai: Erste Begegnung mit der amerikanischen Reporterin Marie Mattingley Meloney. |
| 1921 | Hör- und Sehstörungen. Erste Amerikareise mit den Töchtern. |
| 1923–1930 | Marie Curie wird fünfmal am grauen Star operiert. |
| 1925 | März: Tochter Irène promoviert zum Doktor der Naturwissenschaften. |
| 1926 | Irène heiratet den Physiker Frédéric Joliot. |
| 1929 | Herbst: Zweite Amerikareise. |

1934       Januar: Das Ehepaar Joliot entdeckt die künstliche Radioaktivität.

4. Juli: Marie Curie stirbt während eines Sanatoriumaufenthaltes in Sancellemoz in der Schweiz.

6. Juli: Beisetzung im Familiengrab in Sceaux.

# Stationen einer bahnbrechenden Entdeckung

Im letzten Viertel des 19. Jahrhunderts schien die Physik einen Endzustand erreicht zu haben. Niemand erwartete mehr große Entdeckungen. Dem jungen Max Planck antwortete man auf die Frage nach den Aussichten der Physik, sie sei eine im wesentlichen abgeschlossene Wissenschaft, deren Studium sich eigentlich nicht mehr lohne.

Doch dann wurden gegen alle Erwartungen der zeitgenössischen Physiker die bahnbrechenden Entdeckungen zwischen 1895 und 1905 gemacht. Diese Entdeckungen und Erkenntnisse schufen die Grundlagen der neuen Physik in unserem Jahrhundert.

Der Mann, der die Lawine lostrat, die alles ins Wanken brachte, war Wilhelm Conrad Röntgen, Professor an der Universität Würzburg. Im Winter 1895/96 entdeckte er „Eine neue Art von Strahlen", wie er seine Veröffentlichung nannte. Er gab ihnen den Namen X-Strahlen, weil sie unbekannt und geheimnisvoll waren.

Kritisch und sensationshungrig stürzte sich die Öffentlichkeit auf diese Entdeckung. Geschäftstüchtige Firmen rührten fleißig die Werbetrommel gegen diese „unsittlichen" Strahlen und machten gute Geschäfte mit dem Verkauf von x-strahlensicheren Korsetts und Umstandskleidern. „Wir haben nun genug von diesen Röntgenstrahlen", schrieb die englische Pall-Mall-Gazette. „Die Folge scheint zu sein, daß man mit bloßem Auge anderer Leute Knochen ansehen kann. Über die empörende Unschicklichkeit brauchen wir uns nicht weiter zu verbreiten ..." Die Zeitung schlug dann vor, alle Werke über Röntgenstrahlen zu verbrennen, den Entdecker hinzurichten, die Materialien aufzukaufen, um sie mitten im Ozean zu versenken.

Doch der Lärm ging von ganz falschen Voraussetzungen aus. Röntgenstrahlen erzeugen nur Schatten, keine

Bilder. Sie werfen einen Schatten, den eine fotografische Platte festhält oder den man auf einem Spezialschirm sehen kann.

Was hatte Wilhelm Conrad Röntgen zu seiner Entdeckung geführt? Er hatte eine birnenförmige Braunsche Röhre aus ihrem Gestell genommen, ihre Teile mit einem Schaltkreis verbunden, sie mit schwarzem Karton umgeben und, nachdem er den Raum in der Würzburger Universität vollständig verdunkelt hatte, eine Starkstromladung hindurchgeschickt.

Das einzige, was ihn zunächst interessierte, war, ob der Karton die Röhre vollständig abschloß. Nachdem er sich davon überzeugt hatte, sah er plötzlich in etwa einem Meter Entfernung einen Lichtschimmer. Er zündete ein Streichholz an, um festzustellen, woher er kam. Er fand ein kleines Stück Karton, belegt mit Bariumplatinzyanür, das fluoreszierte, obwohl es durch ein dickes Stück Pappe vollständig von der Braunschen Röhre abgeschirmt war. Er stellte die Röhre ab: Die bariumbeschichtete Karte hörte auf zu leuchten. Er stellte sie wieder an, und das Leuchten begann von neuem.

Das Erstaunen verbreitete sich weltweit. Bereits vier Tage, nachdem die Berichte über das Experiment in Amerika eingetroffen waren, wurden die Röntgenstrahlen benutzt, um eine Kugel in einem menschlichen Bein zu finden.

Als Röntgen Jahre später von dem berühmten englischen Herzspezialisten Sir James Mackenzie gefragt wurde, was er sich eigentlich gedacht habe, als er auf seine Entdeckung gestoßen sei, antwortete Röntgen: „Gedacht? . . . Ich habe nicht gedacht. Ich habe nachgeforscht."

Gerade die Ärzte waren es, die das Neue begierig aufgriffen – viel zu rasch, wie sich später an den Opfern der Verbrennungen mit Röntgenstrahlen zeigen sollte. Man hatte aus Unkenntnis der Gefährlichkeit auf alle Sicherheitsvorkehrungen, etwa durch Bleischutz, verzichtet.

Für die Physiker war die Entdeckung der Röntgenstrahlen sozusagen der Startschuß für einen weiteren
Großangriff auf die Geheimnisse der Natur. In Europa
wie in den USA stürzten sich die Wissenschaftler auf diese neuartigen Strahlen. Sie wußten über ihr Wesen nichts
weiter, als daß sie durch das Beschießen der Metallschei-
be mit Kathodenstrahlen ausgelöst wurden. Aber außer
einer neuen Naturerscheinung besaßen sie jetzt auch ein
neues Werkzeug.

Professor Joseph John Thomson hatte sofort im Londoner Cavendish-Laboratorium die Röntgenröhre nach-
gebildet und setzte nun seine Assistenten, darunter auch
den neuseeländischen Physiker Ernest Rutherford, zu
Versuchen mit ihr an. Eines ihrer Ergebnisse war die Tatsache, daß mit Röntgenstrahlen behandelte Gase elektrisch leitend werden. Sie stellten weiter fest, daß die be-
strahlten Gase sogar auf ganz geringe Spannungen an-
sprechen. Außerdem fanden Thomson und Rutherford,
als sie die so aktivierten Gase untersuchten, daß sie nach
dem Durchgang durch dichtgepackte Watte ihre Leitfähigkeit verloren hatten.

So wie Thomson und Rutherford experimentierte auch
der englische Physiker Silvanus P. Thompson in einem
anderen Londoner Laboratorium mit Röntgenstrahlen.
Er war allein und kannte die Ergebnisse der Konkurrenten nicht. Thompson war außerdem Mathematiker und
hatte für Generationen von Mathematikstudenten eine
Einführung in die höhere Mathematik „Calculus Made
Easy" geschrieben, ein Lehrbuch, das er unter das hoff-
nungsvolle Motto stellte: „Was ein Narr kann, kann auch
ein anderer".

Er legte eine kleine Menge Urannitrat auf eine abge-
deckte Fotoplatte, und während er die Wirkung beobachtete, konnte er nicht wissen, daß in Paris ein anderer Narr
das gleiche machte. Er stellte das Ganze dann mit einer
Aluminiumabdeckung auf das Fensterbrett des Labora-

toriums, „um soviel Sonnenlicht einzufangen, wie in London im Februar in eine Hintergasse fällt".

Als er die Platte entwickelte, sah er, daß sie an der Stelle, auf der das Uransalz gelegen hatte, geschwärzt war. Er schrieb sofort an Sir George Stokes, den Präsidenten der Royal Society. Schon drei Tage später, am 29. Februar 1896, teilte Stokes dem Physiker mit, er hoffe sehr, daß Thompson das interessante Ergebnis sofort veröffentliche. Nach einer Woche schrieb Stokes erneut, diesmal teilte er Thompson mit, daß man ihm in Paris zuvorgekommen war.

Henri Becquerel, Professor der Physik an der Pariser Ecole Polytechnique, hatte wie Thompson anfangs geglaubt, es sei die Wirkung des Sonnenlichts auf die Urankristalle, was diese veranlaßt habe, die Fotoplatten zu belichten. Er stellte nun Salze jenes merkwürdigen Elements Uran her, wickelte sie in schwarzes Papier, legte sie auf Silberfolie und brachte das Ganze auf eine fotografische Platte. Die Platte bekam dort einen Fleck, wo das Salz gelegen hatte – ein Beweis dafür, daß das eingepackte Salz Strahlen ausgeschickt hatte, die stark genug waren, um die Silberfolie zu durchdringen.

Becquerel, der sicherlich meinte, nur ein Narr würde es aufschieben, solche Erkenntnisse sofort in Druck zu geben, hatte seine Ergebnisse schon am 24. Februar veröffentlicht und war damit Thompson um einige Tage zuvorgekommen.

Während Thompsons Interesse nun rasch nachließ, arbeitete Becquerel weiter. Dabei erkannte er bald, daß es sich hier nicht um Röntgenstrahlen handeln konnte, sondern um Strahlen, die ohne äußere Einwirkung vom Uran selbst erzeugt werden. Das Uran schickt ständig Strahlen aus, stellte er fest – ähnlich wie die Sonne das Sonnenlicht, wenn auch ganz schwach.

Henry Becquerel hatte die natürliche Radioaktivität des Urans entdeckt und damit die Epoche der Kernphysik eingeleitet.

Im Jahr zuvor hatte die mittellose Polin Mania Sklodowska den Leiter des Laboratoriums an der Hochschule
für Physik und Chemie in Paris geheiratet. Marie Curie,
wie sie nun hieß, stammte aus Warschau, wo sie als jüngstes von fünf Kindern geboren war.

Noch heute erinnert dort eine Tafel in der kopfsteinge-
pflasterten Fretastraße an dieses Datum – den 7. November 1867.

Die Eltern waren Mittelschullehrer. Der Vater hatte
Physik und Mathematik in St. Petersburg studiert. Doch
von Anfang an hatte er Mühe, die siebenköpfige Familie
zu ernähren. Es waren schwierige Jahre für alle im Lande, in denen sich der Druck der zaristischen Regierung
auf die einheimische polnische Bevölkerung ständig ver-
stärkte. Eine Periode der rücksichtslosen Russifizierung
hatte begonnen, von der kein Bereich des polnischen Lebens unberührt blieb. Russisch wurde Landessprache.
Nach und nach ersetzte man auch die polnischen Beamten durch russische Einwanderer, und auf den Landkar-
ten tauchte der Name „Polen" nicht mehr auf. Es hieß
nun „Vistula-Land".

Auch den Vater drängte man aus dem Amt, zugleich
verlor er die Dienstwohnung. Er fand schließlich wieder
eine Stellung, die jedoch kaum mehr als die eines Pen-
sionswirtes war. Er nahm Schüler in die Wohnung auf,
die bei der Familie wohnten und deren Hausaufgaben er
überwachte. Mania mußte als jüngstes Kind auf dem Sofa
im Eßzimmer schlafen, aber schon bis sechs Uhr aufge-
räumt haben, denn der Raum diente danach den Schülern
als Frühstückszimmer.

Mit neun Jahren verlor sie die Mutter.

Mania war ein schüchternes Mädchen, klein und ner-
vös, aber über die Jahre hinaus gereift, von strenger
Lebensauffassung und hochbegabt. Das Lyzeum verließ
sie als beste Schülerin, ausgezeichnet mit einer goldenen
Medaille, die ihr der russische Landesschulinspektor
überreichte. Ihr Gedächtnis war so unwahrscheinlich prä-

zise, daß Lehrer und Mitschüler manchmal an eine List glaubten.

Ihr besonderes Interesse galt, sicher auch vom Vater beeinflußt, der Mathematik und Physik. Doch an ein Studium war nicht zu denken. An den polnischen Mädchenoberschulen wurden keine klassischen Sprachen gelehrt, Voraussetzung für jeden Universitätsbesuch. Die einzige Möglichkeit bestand darin, das Land zu verlassen und an einer ausländischen Universität zu studieren. Manias älteste Schwester Bronia war entschlossen, diesen Weg zu gehen. Das Haupthindernis lag in dem Dauerproblem der Familie: Es fehlte an Geld. Die älteste und die jüngste Schwester vereinbarten, sich gegenseitig zu helfen. Zunächst brachte die jüngste das Opfer: Wenn Bronia ihre Ausbildung als Ärztin abgeschlossen hatte und das erste Geld verdiente, sollte die Unterstützung umgekehrt werden. Mania würde sich dann die Studienfächer wählen können.

Ende 1885 nahm Mania die erste von mehreren Stellungen als Gouvernante an, die sämtlich zur Enttäuschung für sie wurden, einschließlich einer Liebesromanze, die beinahe ihre Vorsätze und Pläne über den Haufen geworfen hätte.

Ihre zweite Stelle trat sie 1886 bei dem reichen Gutsbesitzer Zorawski an, eine Tagesreise von Warschau entfernt. Die drei Söhne wurden in Warschau erzogen, aber es gab noch zwei jüngere Kinder, die ihr anvertraut waren. Dann kam der älteste Sohn Kasimir in den Semesterferien nach Hause. Er war blond, sah gut aus und steckte voller Neuigkeiten, die er aus der Hauptstadt mitbrachte. Zudem trafen sich ihre Vorlieben, denn er studierte Mathematik. Beide verliebten sich ineinander. Man sprach sogar von Heirat. Doch Kasimirs Eltern lehnten ab. Man heiratete in diesen Kreisen keine Gouvernante. Was besagte da schon ihr guter Ruf, ihre Intelligenz, die Bildung? Zur Rede gestellt und von den Eltern scharf zurechtgewiesen, schwand die Entschlossenheit des jungen

Mannes. Und Mania, verletzt von diesen Menschen, denen sie sich weit überlegen fühlte, zog sich in ein kaltes, gereiztes Schweigen zurück.

Sie war noch nicht einmal neunzehn Jahre alt, und es sollte für viele Jahre ihr einziges Liebeserlebnis bleiben.

Doch vergessen konnte Kasimir Zorawski jene Tage der Liebe nicht. Es gibt noch Warschauer Bürger, die sich erinnern, wie er, einst Mathematikprofessor am Warschauer Polytechnikum und nun längst ein alter Mann, oft stumm und nachdenklich im Park vor einer Statue von Marie Sklodowska-Curie saß, die inzwischen eine Weltberühmtheit geworden war.

Immer wieder von ihrer Schwester Bronia ermuntert, doch nun endlich nach Paris zu kommen, gab Mania schließlich im Spätsommer 1891 nach. Bronia, mittlerweile Ärztin, hatte einen zehn Jahre älteren polnischen Arzt namens Kasimir Dluski geheiratet und konnte der Schwester ein Zimmer zur Verfügung stellen.

Marie Sklodowska, wie sie sich jetzt nannte, studierte zunächst Physik und dann Mathematik. Am 26. Juli 1895 heiratete sie Pierre Curie.

Er war bereits mit 16 Jahren Bakkalaureus der Naturwissenschaften und mit 18 Magister der Physik. Mit 21 Jahren begann er, damals noch zusammen mit seinem Bruder Jacques, die erste Forschungsarbeit. Sie ging von der Beobachtung aus, daß bestimmte Kristalle, wenn sie im Feuer liegen, mit ihrer Oberfläche winzige Holzteile und Asche anziehen.

Sie untersuchten die Eigenschaften der verschiedenen Kristallflächen bei Erhitzung auf verschiedene Temperaturen und stellten fest, daß sie zu verschiedenen elektrischen Ladungen führte. Diese Erscheinung – die Entstehung jener kleinen Mengen Elektrizität – ist als Pyroelektrizität bekannt.

Die Brüder Curie folgerten daraus: Wenn ein Kristall durch mechanische Belastung, etwa durch die Ausübung von Druck, verformt wird, müßten entgegengesetzte Flächen des Kristalls entgegengesetzte elektrische Ladungen annehmen.

Sie vermuteten also, daß es bei der Benutzung des richtigen Kristalls möglich sei, mechanische Energie in elektrische Energie umzuwandeln. 1880 veröffentlichten beide gemeinsam einen ersten Bericht über das Phänomen der durch Druck erzeugten „polaren Elektrizität". Sie erhielt später den Namen Piezoelektrizität (aus dem Griechischen für „drücken").

Sie konnten auch zeigen, daß die umgekehrte Wirkung eintritt: daß ein Kristall sich verformt, wenn er elektrisch geladen wird. Sie hatten auf diese Weise eine Möglichkeit gefunden, um sehr geringe Mengen von Elektrizität zu messen. Doch nicht genug damit, bald entdeckten sie auch einen Weg, um die geringe Verformung der Quarzkristalle zu verstärken, was schließlich zu einem brauchbaren Meßinstrument für minimale Mengen an Elektrizität führte: dem Elektrometer.

Die Arbeiten der Brüder Curie fanden schon zu deren Lebzeiten praktische Anwendung. So gebraucht man diese Kristalle zur Kontrolle der Wellenbänder im Funkverkehr und im Rundfunk. Während des Zweiten Weltkriegs verwendeten allein die USA an die fünfzig Millionen Quarzelemente, und in der Physik der festen Körper setzt man die Suche nach neuen piezoelektrischen Stoffen auch heute fort, um die Bedürfnisse nach immer kleineren elektronischen Schaltkreisen zu befriedigen.

Die Piezoelektrizität gab Marie Sklodowska ein genaues und empfindliches Meßgerät in die Hand für die Strahlungen, die sie bald untersuchen sollte.

Trotz dieser bedeutsamen Entdeckung und seiner fünfzehnjährigen Lehrtätigkeit verdiente Pierre Curie, als er mit 36 Jahren die 28jährige Polin heiratete, gerade soviel wie jeder Facharbeiter in einer Pariser Fabrik.

Im September 1897 schenkte Marie Curie einer Tochter – Irène, der späteren Nobelpreisträgerin – das Leben; und während sie den Haushalt besorgte, das Baby badete und das Geschirr abwusch, arbeitete sie schon an ihrer Doktorarbeit. Sie machte die ein Jahr zuvor entdeckten „Becquerel-Strahlen" zum Thema der Dissertation.

Becquerels Erkenntnisse waren neu und interessant, wenn auch die meisten Wissenschaftler ihre Bedeutung noch nicht erkannt hatten. Es gab auch, ganz im Gegensatz zur Röntgenstrahlenforschung, noch keine Literatur darüber.

Becquerel hatte gezeigt, daß die Uranstrahlen wie die Röntgenstrahlen bewirken, daß die Luft Elektrizität leitet. Marie Curie ging nun daran, diese winzigen von der Luft geleiteten Mengen an Elektrizität zu messen. Die Voraussetzungen dazu hatten ihr Mann und ihr Schwager mit dem nach ihnen benannten Curie-Elektrometer geschaffen.

Danach begann sie nach anderen Substanzen zu suchen, die wie das Uran die Luft zu einem Leiter der Elektrizität machen können. Dabei gab sie sich nicht damit zufrieden, die Elemente in reinem Zustand oder in einfachen Verbindungen zu prüfen, sondern untersuchte auch die Mineralien, wie sie in der Natur vorkommen, in Klumpen und Brocken.

Das Grundexperiment war einfach: Sie legte die jeweilige Substanz auf eine Metallplatte, der gegenüber sich eine weitere, einen Kondensator bildende Metallplatte befand, und benutzte ihr Elektrometer, um festzustellen, ob durch die Luft zwischen den Platten ein Strom floß.

Dabei konnte sie rasch Dutzende von Stoffen ausschalten und hatte in kurzer Zeit erste Ergebnisse. Sie fand heraus, daß Thorium und seine Verbindungen Elektrizität leiten und dieselben radioaktiven Eigenschaften besitzen, die Becquerel am Uran beobachtet hatte.

Das war ein begeisterndes Ergebnis. Sie machte diese Entdeckung schon wenige Tage nach dem Beginn ihrer Suche. Kein Wissenschaftler konnte am Anfang einer Versuchsreihe auf einen solchen Erfolg hoffen. Sofort begab sie sich an eine weitere systematische Untersuchung und gebrauchte nun das Elektrometer, um die Stärke des Stroms zu messen, der von den verschiedenen Verbindungen von Uran und Thorium ausgeht.

Als erstes zog sie aus den Ergebnissen ihrer Experimente den Schluß, daß die Aktivität der Uranverbindungen allein von der Menge an Uran in ihnen abhängt. Dabei war es bedeutungslos, ob das Uransalz feucht oder trocken war, ob in Klumpen oder pulverförmig, noch welche anderen Elemente in dem Salz waren. Das war eine enorm wichtige Information – wie bedeutend, vermochte Marie Curie zu dieser Stunde noch nicht zu erkennen; aber es wurde ihr später deutlich.

Sie erbrachte nämlich den Beweis, daß die Strahlung nicht die Auswirkung irgendeiner Interaktion zwischen den Molekülen sein konnte, wie etwa Licht oder Hitze als Produkt einer solchen Reaktion abgegeben wird. Die Strahlungsenergie mußte einen anderen Ursprung haben.

Sie mußte von den Atomen selbst herkommen – unabhängig davon, welche Verbindung die Atome haben und wie sie sich verhalten.

Die Strahlung mußte eine Eigenschaft der Atome sein.

Von dieser einfachen Entdeckung her konnte dann die Naturwissenschaft des 20. Jahrhunderts die Atomstruktur erhellen, und aus der Kenntnis der Atomstruktur ergaben sich alle praktischen Folgen ihrer Spezifizierung.

Doch unbeeinflußt von allen theoretischen Überlegungen, setzte Marie Curie ihre Messungen fort, darunter auch bei zwei Uranmineralien – Pechblende und Chalkolit –, die stärker strahlten, als nach ihrem Uran- oder Thoriumgehalt zu erwarten war. Das Elektrometer zeigte, daß Pechblende viermal so aktiv wie das Uran selbst ist und Chalkolit immerhin noch doppelt so aktiv.

Marie Curie bekannte später: „Diese Anomalie [Regelwidrigkeit] hat uns in höchstem Grade verwundert, und als ich völlig sicher war, daß es sich um keinen experimentellen Fehler handelte, mußte diese Anomalie begründet werden. Ich habe damals die Hypothese aufgestellt, daß die Minerale des Thoriums und Urans in geringer Menge eine Substanz enthalten, die wesentlich stärker radioaktiv sein mußte als Thorium oder Uran. Dabei konnte es sich um keines der bisher bekannten Elemente handeln, denn alle waren bereits untersucht, es mußte also ein neues chemisches Element sein. Es war eine äußerst attraktive Aufgabe, diese Hypothese so schnell wie möglich zu prüfen. Sehr an dieser Aufgabe interessiert, legte Pierre zeitweilig seine Arbeit beiseite und beteiligte sich an der Suche nach der neuen Substanz."

Die Wissenschaftler, denen sie ihre Vermutung anvertraute, taten den Gedanken mit einem Achselzucken ab und gaben ihr den kollegialen Rat, keine übereilten Behauptungen aufzustellen.

Doch die Frage der Veröffentlichung war wichtig. Da es im Rennen um die wissenschaftliche Erstveröffentlichung nur einen einzigen Sieger geben konnte und der Zweite bereits leer ausging, galt es, keine Zeit zu verlieren. Hätte Becquerel seine Beobachtung nicht innerhalb eines Tages bekanntgemacht, wäre die Anerkennung für die Entdeckung der Radioaktivität und wahrscheinlich sogar der Nobelpreis Silvanus B. Thompson zugefallen.

Marie Curie folgte darum Becquerels Vorbild. Die Sitzungen der Académie des Sciences fanden jeden Montag statt, und jeder Bericht, der dort vorgelegt wurde, war innerhalb von zehn Tagen gedruckt und konnte von allen Physikern weltweit gelesen werden. Da weder sie noch ihr Mann Mitglied der Akademie waren, wurde der Bericht am 12. April 1898 für sie von Professor Gabriel Lippmann vorgelegt.

Doch alle Eile war diesmal umsonst und die Enttäuschung bitter. Sie mußte erfahren, daß sie im Wettlauf mit der Zeit von dem deutschen Physiker Gerhard Schmidt in Berlin geschlagen worden war. Schmidt hatte bereits zu Beginn des Jahres seine Beobachtung, daß Thorium wie Uran strahlt, drucken lassen.

202

Aber ein Trost blieb, als sie den Berliner Text prüfte. Niemand in der Welt der Physik hatte bisher gefunden, was sie in einem einzigen Satz des Berichts außerdem mitteilte, daß nämlich die Aktivitäten von Pechblende und Chalkolit wesentlich größer sind als die von Uran selbst. Wörtlich hatte sie geschrieben: „Die Tatsache ist sehr bemerkenswert und führte zu der Vermutung, daß diese Mineralien ein Element enthalten dürften, das viel aktiver als Uran ist." Diesen Schluß hatte Gerhard Schmidt in Berlin nicht gezogen.

Nun mußte sie dieses neue Element mit der starken Radioaktivität finden. Marie und Pierre Curie waren sicher, daß sie hier nicht einem Scheineffekt aufsaßen. Sie lösten die zerstoßene Pechblende in einer Säure auf und schieden ihre verschiedenen Elemente aus. Im Verlauf ihrer Abtrennung sahen sie, wie sich die Radioaktivität in immer kleinere Bruchteile des Erzes zurückzog. Dabei fühlten sie sich von Arbeitsgang zu Arbeitsgang mehr in ihrer Überzeugung bestärkt, daß die Pechblende die winzige Menge einer Substanz enthalten mußte, die eine sehr viel höhere Aktivität als Uran aufwies. Schließlich wurde es deutlich, daß sie diesen Stoff von allen Elementen außer dem Element Bismut trennen konnten.

Was tun? Marie Curie nahm eine Lösung Bismutsalze, die den geheimnisvollen Stoff noch enthalten mußten, und fügte Schwefelwasser hinzu. Nun sammelte sie sorgfältig den festen Stoff, der sich absetzte, und maß dessen Aktivität. Was sie fand, war verblüffend: 150mal aktiver als Uran.

Am gleichen Tag nahm Pierre Curie eine winzige Probe des Bismutsulfids, das sie gewonnen hatten, füllte sie in eine Glasröhre und erhitzte sie. Er sah, wie das Bismutsulfid in den heißeren Teilen der Röhre verblieb, während sich bei 250 bis 300 Grad ein schwarzes Pulver am Glas absetzte. Er hatte gefunden, was sie suchten. Er kratzte das Pulver von der Röhre ab. Es war 330mal aktiver als Uran.

Nun gab es keinen Zweifel mehr: Sie hatten ein neues Element entdeckt. Doch ihr Erstaunen dauerte fort. Jedesmal wenn sie wieder die Bismutmenge verringert hatten, zeigte die neue Substanz noch dramatischer ihre Existenz.

In dem Bericht, den sie im Juli 1898 für die Veröffentlichung durch die Akademie fertigte, schrieb Marie Curie: „Wenn die Existenz dieses neuen Metalls bestätigt wird, schlagen wir vor, es Polonium zu nennen, nach dem Namen des Vaterlandes des einen von uns."

Das war eine patriotische Tat, da Polen amtlich gar nicht bestand. In dem Bericht gebrauchte sie auch zum erstenmal die Bezeichnung „radioaktiv", um das Verhalten uranähnlicher Stoffe zu beschreiben.

Zu jener Zeit war Marie Curie sicher, Polonium werde ihre große Entdeckung sein. Doch schon bald mußte sie erkennen, daß hinter dem Polonium noch eine geheimnisvolle Kraft steckte, die ihre Aufmerksamkeit verdiente.

Ende November entdeckten sie und ihr Mann, daß die Flüssigkeit auch dann hochgradig radioaktiv blieb, wenn Polonium und Bismut ausgeschaltet waren. Die Tests zeigten deutlich, daß es noch eine weitere radioaktive Substanz geben mußte – ein zweites neues Element.

Durch mehrfaches Lösen und Kondensieren kam Marie Curie dann zu einem Stoff, dessen Radioaktivität rund 900mal höher als die von Uran war. Dabei wußte sie, daß der Wert nur annähernd richtig sein konnte, weil ihr einfach das Material ausgegangen war.

Die Entdeckung des Poloniums wurde im Juli 1898 veröffentlicht und die des Radiums – „das Strahlende", so genannt, weil sich herausstellte, daß dieses Element auch für das bloße Auge im Dunkel zu erkennen ist – im Dezember des gleichen Jahres.

Was ihnen nun zu tun blieb, war die Herstellung von Radium und Polonium in reiner Form. Dazu brauchten sie Tonnen von Pechblende, einem teuren Erz, dessen

Hauptquelle die Mine St. Joachimsthal in Böhmen war, damals ein Teil von Österreich-Ungarn. Vier Jahre lang arbeiteten sie in einem ungeheizten, ungelüfteten Schuppen über kochenden Kesseln mit Pechblende, dann hatten sie ein zehntel Gramm Radium gewonnen.

Doch trotz der ungeheuren Strapazen, die beide auf sich genommen hatten, erinnerte sich Marie Curie gern an diese Zeit zurück: „. . . und wenn meine Universitätsjahre einmal von meinem Schwager als ‚das heroische Zeitalter meiner Schwägerin‘ bezeichnet wurden, so kann ich ohne Übertreibung sagen, daß diese Periode für meinen Mann und mich das heroische Zeitalter unseres Zusammenlebens war . . . Und doch waren die Jahre in dem elenden Hangar die besten, glücklichsten, einzig und allein der Arbeit gewidmeten Jahre unseres Lebens. Oft habe ich dort unser Essen zubereitet, um nicht eine besonders wichtige Tätigkeit unterbrechen zu müssen. Manchmal mußte ich einen ganzen Tag lang eine siedende Masse mit einer Eisenstange umrühren, die fast ebenso groß war wie ich. Abends war ich zum Umfallen müde.“

Ihr Ergebnis war greifbar. Man konnte das Radium den Prüfungen unterziehen, die Chemiker und Physiker nun einmal verlangen. Sein Atomgewicht (chemisches Kürzel Ra) ließ sich messen: 225 (heutiger Wert 226,0254). Auch die physikalischen Eigenschaften konnten beschrieben werden.

Während der Arbeit hatte sie der deutsche Chemiker Wilhelm Oswald besucht. Er schrieb über ihr Laboratorium: „Es war eine Kreuzung zwischen Stall und Kartoffelkeller, und wenn ich nicht die chemischen Apparate auf dem Arbeitstisch gesehen hätte, hätte ich das Ganze für einen Witz gehalten.“

Die Entdeckung von Radium und Polonium, dazu die Hypothese, daß deren Radioaktivität ihrem Wesen nach atomar sei, waren zweifellos die größten Leistungen der Curies. Dagegen waren die Reinigung des Radiumchlorids und die Bestimmung des Atomgewichts kaum mehr als Routinearbeiten. Aber die Curies hatten sie gegen solche Widerstände durchgeführt, daß ihre Arbeit zur Legende wurde.

Die gewaltige Welle des Interesses an den neuen radioaktiven Elementen konzentrierte sich auf das Radium und seine Eigenschaften.

Einerseits stellten sich die Strahlen als eine erste Waffe gegen Krebserkrankungen dar; andererseits gab es eine Fülle ungelöster Rätsel, denn die Materie war keineswegs unbelebt.

So beobachteten die Curies, daß Radium von sich aus Wärme abgibt, und zwar in solchen Mengen, daß sie meßbar ist. Außerdem stellten sie fest, daß Radium stets wärmer als seine Umgebung ist. Das Äquivalent von einem Gramm Radium gibt pro Stunde 100 Kalorien ab – ein kleines Kraftwerk. Aber woher kam all diese Energie?

Marie Curie erwog die Möglichkeit, das Radium schöpfe seine Energie aus sich selbst. Gab es winzige Partikel in den Atomen, die sich heftig bewegten und dann als Strahlung hinausgeschleudert wurden?

Wenn das richtig war, dann ließ sich der Gewichtsverlust erst nach Millionen Jahren messen, denn bisher hatten sie nicht den geringsten Gewichtsverlust finden können. Es war eine gewagte Hypothese, zumal das Atom damals noch als unteilbar galt.

In jenen Jahren wurden, angeregt durch die Veröffentlichungen der Curies, in vielen Laboratorien Untersuchungen über die Radioaktivität aufgenommen. In Deutschland stellten Julius Elster und Hans Geitel die Hypothese auf, daß radioaktive Strahlung ihren Ursprung im Zerfall von Atomen habe. Es handelte sich also um eine Energie, die man als „Atom-" oder Kernenergie bezeichnen konnte. Doch das mußte erst noch bewiesen werden.

Die Bestätigung erfolgte 1902 Tausende von Kilometern entfernt, in Kanada. In Montreal hatte sich der junge, gerade erst 23jährige Physikchemiker Frederick Soddy aus Oxford dem genialen Ernest Rutherford angeschlossen. Es wurde eine ideale Partnerschaft, ähnlich wie die zwischen Marie und Pierre Curie.

Anfang des Jahres 1899 war Rutherford der Nachweis gelungen, daß die Becquerel-Strahlung keinen einheitlichen Charakter besitzt, sondern sich zumindest aus zwei Arten zusammensetzt: der Alpha- und Betastrahlung, wie er sie nannte. Nun fanden beide, kurz gesagt, daß radioaktive Substanzen beim Abgeben von Alpha- oder Betastrahlen in eine Reihe von Zwischenstufen zerfallen, die völlig neue Elemente sind. Jedes dieser Zwischenelemente zerfällt dann mit einer bestimmten Geschwindigkeit weiter. Die Zeitspanne, nach der die Hälfte der radioaktiven Ausgangssubstanz verschwunden ist, bezeichnete Rutherford als deren „Halbwertzeit". Soddy beschrieb später die große Aufregung, die sie befiel, als sie erkannten, daß sie die Antwort auf die Frage gefunden hatten, worin Radioaktivität eigentlich besteht: Das Atom zerfällt von sich aus.

Kühn verkündeten die beiden, sie hätten jetzt den Beweis, daß die Atome sich veränderten. Sie zerfielen ohne fremden Einfluß, wandelten sich dabei ständig und vergingen. Dieses Gesetz, das die spontane Umwandlung chemischer Elemente in andere postulierte, stand in scharfem Gegensatz zu den zeitgenössischen Anschauungen von der Unzerstörbarkeit der Materie und wurde deshalb mit begreiflicher Zurückhaltung aufgenommen. Rutherfords und Soddys Ergebnisse von 1902 hielten indes der Kritik stand. Für seine Untersuchungen über den Elementzerfall und die Chemie der radioaktiven Stoffe erhielt Rutherford 1908 den Nobelpreis für Chemie.

Bereits 1919 konnte Rutherford dann die Möglichkeit künstlicher Kernumwandlung aufweisen, was nichts anderes als die Entdeckung der künstlichen Radioaktivität bedeutete. Der endgültige Nachweis gelang im Jahre

1934 dem Physikerehepaar Frédéric Joliot und Irène Joliot-Curie.

Auf Rutherfords Erkenntnissen baute Nils Bohr in Kopenhagen sein Atommodell auf, und aus diesem wiederum entwickelte die Quantenmechanik später unsere heutigen Vorstellungen vom Atombau.

Im Verlauf der Forschungen vertiefte sich die Kenntnis der unterschiedlichen Strahlenarten, die bei der natürlichen wie auch der künstlichen Radioaktivität auftreten, und man gewann erste Einsichten über ihre Auswirkungen auf den menschlichen Körper.

Von Auswirkungen blieb auch das Ehepaar Curie nicht verschont. Marie Curie pflegte die Ergebnisse ihrer Versuche und Beobachtungen in drei kleine, schwarze, leinengebundene Notizbücher einzutragen. Sie sind noch erhalten – und gelten noch immer als gefährlich, obwohl seitdem mehr als ein Dreivierteljahrhundert vergangen ist, weil sie durch die Finger des Paares verseucht sind.

Bei der Durchsicht der Aufzeichnungen fällt auf, daß sie im Juli 1898 plötzlich abbrechen; und über viele Wochen fehlt jede Eintragung. Wie war so etwas möglich, da doch beide wußten, wie wichtig die Erstveröffentlichung war? Tatsächlich hatten die Curies ihre Fahrräder hervorgeholt und waren für einen langen Urlaub aufs Land gefahren. Ihre Notizen beginnen erst wieder im November. Mit größter Wahrscheinlichkeit hatten sie nicht den Wunsch nach einer müßigen Unterbrechung der Arbeit, sondern waren zu einer Ruhepause gezwungen, weil beide von rätselhaften Schmerzen und störenden Unpäßlichkeiten heimgesucht wurden, für die sie keine Erklärung hatten. Beide wurden rasch müde. Gleichgültigkeit befiel sie. Pierre hatte Schmerzen, die er sich und den Freunden gegenüber gern mit Rheumatismus erklärte. Marie Curie litt zwar weniger. Doch ihre Aufzeichnungen, die sie am 11. November wiederaufnahm, zeigen nicht mehr jene Ordnung, die ihr zur zweiten Natur geworden war. Die meisten Eintragungen sind weniger detailliert, eher zusammenfassend. Häufig fehlt das Datum.

Schließlich besserte sich beider Zustand wieder, ohne daß es einen einsehbaren Grund dafür gab. Die Schmerzen verschwanden weitgehend.

Monate ehe das Paar den Nobelpreis erhielt, waren Pierres Hände entzündet und schmerzten so sehr, daß er kaum den Federhalter führen konnte und sich für seine schlechte Schrift entschuldigte. Lag es an den Radiumstrahlen? Erste Berichte darüber kamen aus Deutschland. Die Physiker Walkhoff und Giesel hatten festgestellt, daß Radiumpräparate, die sie in der Tasche trugen, nach einigen Tagen empfindliche Verbrennungen hervorriefen. Angeregt durch diese Erfahrungen, mit denen niemand gerechnet hatte, heftete sich auch Pierre Curie eine Probe unreinen Radiumsalzes für zehn Stunden an den Unterarm. Danach war die Haut gerötet, wie entzündet. Einige Tage später wurde der Fleck wund, und es bildete sich Schorf, der verbunden werden mußte. Zurück blieb eine graue Narbe.

Henri Becquerel hatte an sich die gleichen Wirkungen beobachtet, als er eine Röhre mit Radium in der Westentasche mit sich geführt hatte. Dabei stellte er auch fest, daß Radium keinerlei schädliche Wirkung zeigte, wenn es mit einem Bleimantel umgeben war.

Auch Marie Curies Hände wiesen nun stärkere Zeichen des Umgangs mit Radium auf. Die Finger begannen sich zu schuppen, und die Fingerspitzen, die Tuben und Kapseln mit hochaktiven Substanzen berührt hatten, verhärteten sich und schmerzten. „Bei einem von uns hat die Entzündung der Fingerspitzen vierzehn Tage angehalten und mit der Häutung ihren Abschluß gefunden", berichtete sie, „und doch war die Schmerzempfindlichkeit nach zweimonatiger Dauer noch nicht verschwunden."

Aber das alles schienen erträgliche Berufsrisiken zu sein, und Marie Curie kümmerte sich nicht mehr darum als ihr Mann. Zu jener Zeit schien es noch keinen Grund zu geben, umständliche Vorsichtsmaßnahmen anzuwenden, um kleine, lästige Verbrennungen zu vermeiden. Und doch, mit dem Beginn des Sommers 1903 machte sich jeder in steigendem Maße Sorgen um die Gesundheit des anderen. „Madame Curie ist stets müde, ohne eigentlich krank zu sein", schrieb Pierre einem Mitarbeiter. Sie selbst sah die Beschwerden ihres Mannes vor allem in dessen Arbeitsüberlastung begründet. Die Schmerzen, die er in verschiedenen Körperteilen empfand, verschlimmerten sich. Manchmal war das Zittern in den Beinen so stark, daß er im Bett bleiben mußte.

Zu Anfang des Jahres 1903 war sie wieder schwanger geworden. Ihre Schwangerschaft fiel mit der Zeit zusammen, in der sie mit hochkonzentrierten Lösungen von Polonium und Radium umging, die sie in einfachen Glasflaschen aufbewahrte. Überdies arbeitete sie in einem nur schlecht zu lüftenden Schuppen, in dem die Porzellanschalen mit kristallisierenden Lösungen radioaktiver Salze offen in den Regalen standen. Aber selbst die zugekorkten Flaschen mit ihren Lösungen waren eine ernste Gefahr. Zu dieser Zeit war noch nicht bekannt, daß das Radiumgas Radon durch Kork oder Gummi hindurch in die Luft gelangt. Es gab auch damals keinen Grund, warum Marie Curie hätte befürchten sollen, daß die Stoffe, mit denen sie arbeitete, die Zellen des menschlichen Körpers angreifen könnten. Das alles führte dazu, daß sie für uns heute schrecklich unbekümmert mit ihren Substanzen hantierte, noch dazu in einem Schuppen, dessen Konzentration radioaktiven Gases einige hundertmal höher war, als man sie heute für unschädlich hält.

Sie hatte eine Frühgeburt. Das Baby starb wenige Stunden nach der Entbindung. Die Ursache für das Unglück läßt sich heute nicht mehr genau ermitteln. Im August 1903 schrieb sie der Schwester Bronia: „Ich bin so verzweifelt über den Unfall. Das Kind – ein kleines Mädchen – war in gutem Zustand und lebte. Ich hatte es mir so sehr gewünscht."

Zur feierlichen Überreichung der Davy-Medaille, die beiden von der Royal Academy verliehen wurde, reiste nur er nach London. „Anfang November hatte ich eine Art Grippe, die einen leichten Husten hinterlassen hat", schrieb Marie Curie dem Bruder. „Ich fuhr nicht mit, weil ich die Anstrengung fürchtete."

Pierre Curies letzter wissenschaftlicher Bericht, den er zusammen mit zwei Medizinern erstellte, stammt aus dem Jahre 1904. Er hat die experimentellen Auswirkungen radioaktiver Strahlungen auf Mäuse und Meerschweinchen zum Thema. Bei der Sezierung der Tierleichen stellten die drei Wissenschaftler starke Blutungen in den Lungen fest sowie Veränderungen der Leukozyten – der weißen Blutkörperchen, die den Körper vor Infektionskrankheiten schützen. Die Schlußfolgerungen waren eindeutig. Sie ließen keine Zweifel an der Gefährlichkeit des Gases, das Radium absondert.

Dennoch sahen die Curies keinen Grund, ihre persönlichen Vorsichtsmaßnahmen beim Umgang mit Radium zu verstärken. Bevor Pierre Curie 1906 einem Verkehrsunfall erlag, hatte seine rätselhafte Krankheit ihren Höhepunkt erreicht. Niedergeschlagen, unablässig müde, dazu von schrecklichen Schmerzen in den Beinen gequält, hatte er seine täglichen Verpflichtungen wahrgenommen.

Zu Beginn der zwanziger Jahre gingen auch Marie Curies Beschwerden über eine leichte Müdigkeit und Arbeitsunlust hinaus. Sie verspürte starke Schmerzen in den Armen. Sie konnte nicht mehr deutlich hören, und die Sehkraft ihrer Augen ließ rasch nach. Außerdem hatte sie manchmal eiternde Stellen an den Fingern.

Aber das Radium machte sie nicht dafür verantwortlich. Keiner der jungen Mitarbeiter erhielt besondere Verhaltensmaßregeln. Ein Wissenschaftler berichtet, man habe ihm als einzige Vorsichtsmaßregel mitgegeben, er solle häufig den Kittel wechseln.

Dann kamen aus London Berichte über mehrere Todesfälle durch Radium. Auch im übrigen Europa und vor allem in den USA litten immer mehr Menschen, die mit Radium arbeiteten, an rätselvollen Krankheiten. Ein New Yorker Zahnarzt stellte bei einigen seiner Patientinnen Kieferkrebs fest. Erst als ihm auffiel, daß die Frauen und Mädchen, mit denen er es zu tun hatte, alle am gleichen Arbeitsplatz beschäftigt waren, erkannte er die wahre Ursache. Sie saßen in einer Fabrikhalle, in der Zifferblätter für Uhren und andere Instrumente bemalt wurden. Sie tauchten dabei den Kamelhaarpinsel in die Leuchtfarbe, die auf Radiumbasis hergestellt war, und spitzten den Pinsel dann mit der Zunge ab, ehe sie die Farbe auftrugen. Der Zahnarzt gab der Krankheit den Namen „Radiumkiefer".

Ähnlich erging es den Arbeiterinnen in Ottawa im Staate Illinois, die in der Radium Dial Company beschäftigt waren. Die Tragödie begann 1922. Arbeit war gefragt im Mittleren Westen, und 17,50 Dollar waren für Frauen Spitzenlohn. Bei den Mädchen in Ottawa waren die Jobs in der Radium Dial Company damals so begehrt, daß viele sogar vorzeitig von der Schule abgingen, um dort Arbeit zu finden. Die Voraussetzungen waren nicht groß: Man brauchte Geduld, eine ruhige Hand und etwas Geschick. Auch hier wurden die Arbeiterinnen angewiesen, die feinen Pinselhaare zwischen den Lippen zu spitzen, um dann die Ziffern zu malen. Gelegentlich spielten sie auch mit der geheimisvollen Wunderfarbe, malten sich Brauen, Schnurrbärte oder Masken auf die Gesichter, die in der Dunkelheit leuchteten. Dann, Jahre später, als sich die Erkrankungen und Todesfälle häuften, griff die Presse das Thema auf. Schadenersatzansprüche drohten plötzlich. Jetzt schloß der Besitzer über Nacht die Fabrik und eröffnete sie unter anderem Namen einige Straßen weiter wieder. Die neue Firma versprach sichere Bedingungen, was im Grunde nur hieß, daß die Arbeiterinnen angewiesen wurden, die Pinsel mit Radiumfarbe nicht mehr in den Mund zu nehmen.

Die alte Radium Dial Company wurde 1968 abgerissen. Sie hatte in der Zwischenzeit als Lagerhaus für Fleisch gedient. Bis auf eines starben alle Familienmitglieder des Betreibers an Krebs. Zum Abbruch zog man weder Umweltexperten noch die Behörde für nukleare Sicherheit zu Rate. Eine Annonce in der Zeitung bot die Trümmer zur kostenlosen Wiederverwendung an. Messungen in verschiedenen Stadtteilen ließen die Geigerzähler knattern. Nur wußte später niemand genau, wohin überall die Reste gebracht wurden. Unter dem Sportplatz, auf dem Wochenmarkt, wo Gemüse und Eier verkauft wurden, am Flußufer und auf verschiedenen Privatgrundstücken wurden erhöhte Werte gemessen.

Doch nicht nur die Behörden waren sorglos im Umgang mit dem weißglänzenden Element. Apotheker verkauften es als Mittel gegen hohen Blutdruck, gegen Arthritis und Depressionen. Ein Gärtner düngte sogar seinen Garten damit und erzielte gigantische Tomaten und Kürbisse. Er starb an chronischer Radiumvergiftung.

Auch in Marie Curies Institut kamen solche Erkrankungen und Todesfälle vor. Doch weder sie noch ihre Tochter Irène, die seit dem Krieg in ihrem Laboratorium arbeitete, waren schon bereit, die Radioaktivität eindeutig mit solchen Geschehnissen in Verbindung zu bringen. Zum Teil war es wohl der Ausfluß ihrer Liebe zur eigenen Entdeckung, auf die kein Schatten fallen sollte, aber stärker noch wurde Marie Curies Haltung sicher dadurch beeinflußt, daß sie sich selbst als Gegenbeweis sah. Sie hatte große Mengen der gefährlichsten Materialien in ihrem Labor und arbeitete mit ihnen über Jahrzehnte, ohne das es bisher zu solch dramatischen Konsequenzen gekommen war.

Als zwei Chemiker ihres Labors kurz hintereinander starben, gab sie dann doch einen Untersuchungsbericht in Auftrag. Es wurde ein erschreckend unzulängliches Papier, denn es enthüllte, wie wenig in den letzten zwanzig Jahren getan worden war, um die Auswirkungen der

Radioaktivität auf den menschlichen Körper zu erforschen. Immerhin war es der erste Bericht aus dem Pariser Laboratorium, der die Gefahren der Arbeit mit Radium und anderen radioaktiven Elementen nicht leugnete, sondern sogar eingestand, daß die Folgen unter Umständen ein schreckliches Ausmaß annehmen können.

Das Radium erwies sich schon bald als zweischneidige Waffe. Bereits kurz nach der Entdeckung der radioaktiven Metalle wurde es klar, daß die ionisierenden Strahlen, die von ihnen ausgehen, eine starke Wirkung auf die Gewebezellen ausüben. Die Fähigkeiten von Gamma- und anderen Strahlen, Krebszellen zu zerstören, waren der Grund, warum Metalle wie Radium so hoch geschätzt wurden. Sie wirkten durch ihren starken Einfluß auf den Zellkern, und zwar gerade dann, wenn der Zellkern und das Zytoplasma im Begriff waren, sich zu teilen und zu vermehren. Hier erwiesen sich die Strahlen als eine hervorragende Waffe gegen Krebszellen.

Doch eine zweite Wirkung wurde dabei lange übersehen. Die gleichen Strahlen greifen auch normale Zellen an. Die Erbmasse der Zellen, die Nukleinsäuren, können in manchen Fällen so beschädigt werden, daß sich völlig gesunde Zellen in Krebszellen verwandeln.

Auch andere Schädigungen lassen sich nicht ausschließen. So stellte man fest, daß bestrahlte Zellen anfälliger für Viruserkrankungen sind. Hinzu kommt, daß bestimmte Arten der Strahlung die Anzahl der weißen Blutkörperchen senken können. Wenn das Radium in den Blutkreislauf eintritt, wird ein beträchtlicher Teil davon in den Knochen gespeichert. Dort bestrahlt das Radium die Knochenoberfläche und auch das Knochenmark selbst, wo die Produktion der Blutzellen einsetzt.

Erstaunlich bleibt bei diesen lebensbedrohenden Gefahren die Tatsache, daß Marie Curie so lange widerstehen konnte. Ihre Vorsichtsmaßnahmen waren notwendigerweise primitiv und unzulänglich. Dabei muß sie ganz erheblichen Mengen an Radiumstrahlen ausgesetzt gewesen sein. Im nachhinein läßt sich auch nicht mehr annähernd abschätzen, wie viele es wirklich waren. Heute wird die körperliche Höchstbelastung mit 0,1 Mikrogramm angegeben. Sie muß jedoch ein Vielfaches dieser Dosis aufgenommen haben.

Allerdings hatte man zu ihrer Zeit auch noch nicht erkannt, daß die Wirkungen der Radioaktivität auf die einzelnen Menschen sehr verschieden sein können. Den Angriffen, denen sie widerstand, wären tausend andere nicht gewachsen gewesen.

Bis zu ihrem Ende glaubte Marie Curie daran, daß die Reinheit der Forschung ein erreichbares Ziel sei. Wie viele Wissenschaftler ihrer Generation war sie lebenslang davon überzeugt, Forschung und Vermarktung hätten nichts miteinander zu tun, ein geglücktes Experiment, eine physikalische oder chemische Entdeckung habe keine Auswirkungen auf die Politik, die Industrie und Waffentechnik. Dabei hätte sie es spätestens seit dem Ersten Weltkrieg wissen müssen, als fast alle ihre Kollegen aus der Physik und Chemie ihre Kenntnisse in den Dienst neuer Angriffs- und Verteidigungswaffen stellten. Ebensowenig wie Röntgen sich seine X-Strahlen hatte patentieren lassen, kümmerte sie sich um die kommerzielle Nutzung der Radiumproduktion, als sie weltweit einsetzte.

Der Preis von Radiumsalz betrug 1903 in englischer Währung 400 Pfund; 1912 belief er sich bereits auf 15 000 Pfund. Während des Weltkriegs trieb ihn die Nachfrage auf 20 000 Pfund, und als Marie Curie nach Amerika reiste, kostete ein Gramm Radium, das industriell gewonnen wurde, 100 000 Dollar. Doch das konnte sie nicht beirren. Gerade in der Verzahnung von Industrie und Wissenschaft sah sie die Gefahr, daß die Grundlagenforschung in den Hintergrund gedrängt würde und man sich allein an Gewinnen orientierte.

Das waren edle Grundsätze, aber sie gehörten schon

damals der Vergangenheit an – waren Ausdruck eines utopischen Idealismus des 19. Jahrhunderts. Bereits zu Marie Curies Lebzeit zog eine neue Welt herauf, gänzlich verschieden von der alten. Auch die Vorstellung, daß die Naturwissenschaften alle Probleme der Menschheit lösen könnten, wie es noch Louis Pasteur versichert und die beiden Curies es geträumt hatten, erwies sich als Seifenblase.

Nur wenige Jahre später sollte es sich im Laboratorium von Otto Hahn zeigen, daß Uran, das mit Neutronen beschossen wird, in einem Prozeß auseinandergerissen wird, der dann als „Kernspaltung" bekannt wurde. Einige Monate danach veröffentlichte Marie Curies Schwiegersohn, Frédéric Joliot, einen wissenschaftlichen Artikel, der darlegte, daß das in dieser Weise beschossene Uran weitere Neutronen abgibt, die weitere Urankerne spalten können. Er zeigte, daß eine Kettenreaktion möglich und damit der Weg geebnet ist, um die unvorstellbaren Energiemengen freizusetzen, die im Atom gespeichert sind.

Marie Curies Leben als Wissenschaftlerin war erfolgreich gewesen, weil sie in der Lage war, zu beobachten, zu folgern und vorauszusehen, wie das nur ein genialer Naturwissenschaftler kann. Sie wurde dabei von glücklichen Zufällen begünstigt, wie es die meisten großen Wissenschaftler irgendwann erfahren, weil sie hinreichend darauf vorbereitet sind, solche Gelegenheiten zu nutzen.

Sie war an die Probleme ihres Berufes herangegangen wie ihre männlichen Kollegen. Sie hatte nie Zugeständnisse erwartet, und es wurden auch keine gemacht, etwa weil sie eine Frau war. Ihr grundlegender Gedanke, daß die Radioaktivität die Folge eines Geschehens im Atom ist, stand am Anfang der Atomphysik. Es war eine verblüffend einfache, aber verheerend wichtige Erkenntnis. Gleichzeitig mit der Entdeckung von Radium und Polonium setzte sie durch ihre Hypothese gemeinsam mit Rutherford, Einstein, Planck und Bohr jene physikalische Entwicklung in Gang, die heute so schwer zu kontrollieren ist.

Schon zu Lebzeiten war sie eine legendäre Gestalt, und sie blieb es. Vor ihr hatte es noch keine Frau gegeben, die einen entscheidenden Beitrag zur Naturwissenschaft geleistet hätte. Tragisch nur, daß sie mit sechsundsechzig Jahren an der gleichen Strahlenkrankheit sterben mußte, die den Körper ihres Mannes angegriffen hatte und noch zwei weitere Mitglieder ihrer Familie dahinraffen sollte: ihre Tochter Iréne, seit 1934 schwer und unheilbar leidend, starb am 16. März 1956; deren Mann, Frédéric Joliot, starb am 14. August 1958 in Paris ebenfalls an der Strahlenkrankheit.

# Biographien

Eve Curie, Madame Curie. Frankfurt am Main 1937.

Peter Ksoll und Fritz Vögtle, Marie Curie mit Selbstzeugnissen und Bilddokumenten. Reinbek bei Hamburg 1988.

Robert Reid, Marie Curie. Düsseldorf, Köln 1980.

Marie Sklodowska-Curie. Selbstbiographie. Leipzig 1964.

Oskar J. Tauschinski. Wer ist diese Frau? Wien, München 1983.

# Karl Rolf Seufert

Seit 1961 veröffentlicht Seufert Bücher: Romane, Erzählungen, Biographien, die den Leseinteressen junger Menschen entgegenkommen. Dabei bedient er sich gern der Aufzeichnungen bedeutender Persönlichkeiten und gestaltet aus deren Unterlagen packende Lebensschicksale.

Seufert reist viel, meist zu den Schauplätzen seiner Figuren nach Asien und Afrika. So war er in China, lange ehe sich das Reich der Mitte dem Tourismus öffnete, in Indien, Thailand und Japan.

In seinen Büchern begegnen wir Menschen mit ihren Gefühlen, Nöten und Schicksalen. Sie leben in extremen Situationen, öffnen nationale Grenzen und schaffen durch eine präzise Sprache viele spannende Situationen und regen junge Menschen zum Nachdenken an.